Réserve

g. Y² 31

LES AMOURS

DE PSYCHÉ

ET

DE CUPIDON.

LES AMOURS

DE PSYCHÉ

ET DE CUPIDON,

SUIVIES D'ADONIS, POËME,

PAR

JEAN DE LA FONTAINE.

NOUVELLE ÉDITION ORNÉE DE 26 FIGURES DE BOREL
GRAVÉES EN COULEURS PAR VIGNA-VIGNERON.

PRÉFACE DE JULES CLARETIE,

De l'Académie Française.

LIVRE PREMIER.

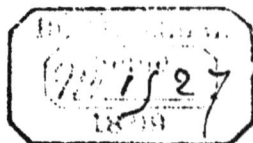

A PARIS,

LIBRAIRIE THÉOPHILE BELIN,

29, QUAI VOLTAIRE, 29

M. DCCC. XCIX.

MONSIEUR ET CHER ÉDITEUR,

Vous me demandez mon opinion sur la très artistique publication que vous avez entreprise pour la plus grande joie des
bibliophiles, et vous voulez savoir ce que je pense des illustrations en couleurs faites par Borel pour les *Amours de Psyché et
de Cupidon,* de ces dessins exquis qu'on peut considérer comme
tout à fait inconnus du public.

Cette œuvre charmante, composée pour un récit allégorique,
en quelque sorte classique, par un artiste du siècle dernier, méri-
tait-elle, comme vous l'avez cru, les honneurs d'une reproduction
évidemment dispendieuse?

Je réponds oui, et j'estime que vous aurez ajouté, à tant
d'autres livres de choix, un maître livre en publiant celui-ci.

Borel, sans avoir été un artiste de premier ordre, fut un
illustrateur né et l'un des meilleurs, à coup sûr, du règne de
Louis XVI. Il fut surtout éminemment français, français par
l'élégance et par l'esprit, — français du XVIIIe siècle, — et il
plaît, il plaira toujours par son art de la composition, par sa
science parfaite de la « mise en scène », par la grâce de ses

figures féminines, par son coloris si délicat et si fin, par un mélange heureux de réalisme et d'idéalisme.

L'apparition inattendue, dans une vente publique, de cette délicieuse suite de vingt-six aquarelles, qui semblent résumer et comme couronner l'œuvre même de Borel, provoqua une vive émotion parmi les iconophiles, et le haut prix que ces compositions ont atteint témoignent de l'intérêt qui s'y attache.

Il est incontestable que cette œuvre charmante, si française, pour répéter le mot, dans l'interprétation d'une fable antique, et qui reflète si bien l'esprit de l'époque où elle fut exécutée, mérite d'être connue, surtout par une reproduction fidèle et artistique comme celle que vous avez eu l'amabilité de me montrer, et on ne saurait trop vous en remercier, comme on ne saurait assez féliciter les artistes choisis par vous pour collaborateurs.

Au surplus, — et je tiens à le constater, — c'est là, dans l'art français, la première interprétation originale de cette séduisante allégorie des *Amours de Psyché et de Cupidon*, et il serait intéressant d'étudier comment Borel a conçu le difficile sujet qu'un grand artiste, Raphaël, avait seul, avant lui, abordé sur un plan aussi vaste. L'étude que je conseillerais de faire à ce propos serait assez piquante. On pourrait se demander si cette fable, parce qu'elle est d'origine gréco-romaine, doit être nécessairement interprétée comme un sujet antique, comme une sorte de roman allégorique local, — et c'est la façon dont elle avait été traitée par le grand maître italien et par ses imitateurs à la suite; — ou bien, si, comprise comme un symbole permanent et intéressant l'humanité tout entière, elle ne peut pas, elle ne doit pas être traduite artistiquement d'une manière différente selon les époques et les pays.

On pourrait trouver, pas bien loin de nous, et sur le même sujet, une interprétation fort instructive et concluante. Le maître éminent que l'Angleterre vient de perdre, un de ces chefs du *préraphaélisme* qui déclarèrent que la Renaissance fut, en art, une façon de recul, Burne Jones a exécuté pour lord Carlisle au Palace Green, à Londres, une série de fresques composant l'histoire même et comme l'illustration au pinceau des *Amours de Psyché et de Cupidon*. Or, ces compositions, d'un charme singulier et pénétrant, — tout à fait suggestif, dirais-je, si je n'avais l'horreur des mots adoptés par le snobisme courant, — ces scènes où le maître symboliste s'est surpassé, sont conçues dans le style du moyen âge, et les personnages de la fable sont costumés et entourés de meubles et d'accessoires tels qu'on prendrait cette suite attirante pour l'œuvre même de quelque *ymagier* du XVe siècle.

N'est-il donc pas naturel qu'un petit maître exquis tel que Borel ait *adapté* à sa guise, selon son humeur, ses qualités personnelles et celles de sa race, le mythe délicieux de l'antiquité?

Et que vous avez eu raison, Monsieur et cher Éditeur, de ressusciter — de révéler cette *suite* tout à fait supérieure, qui, en ajoutant quelque chose d'inédit à l'histoire de l'art au siècle passé, ajoute en même temps, à l'histoire du livre du temps actuel, un ouvrage qui sera désormais recherché et classé parmi les meilleurs!

Voilà ma consultation achevée, cher Monsieur Belin. Elle se termine sur un compliment sincère et sur l'expression de mes plus distingués et dévoués sentiments.

JULES CLARETIE.

29 Janvier 1899.

AVANT-PROPOS.

L'IMAGINATION féconde et toujours artistique des Hellènes enfanta tout un monde de créations charmantes pour rendre plus compréhensibles aux masses les forces mystérieuses de la nature et de la vie, le tangible aussi bien que ce qui échappe aux sens et appartient au domaine des idées abstraites.

Les arts sont venus au secours de ces conceptions d'ordre mythique ou philosophique en les traduisant plastiquement, et finirent par leur donner des formes d'un symbolisme séduisant et d'une beauté parfaite.

Le mystère de la continuité des êtres et de l'élément insaisissable qui les vivifie hanta de bonne heure le cerveau de l'homme. Aux âges lointains, il se faisait déjà une idée grossière de ce que nous appelons l'âme. Plus tard même, n'y voyant que ce qui constitue la différence matérielle entre la vie et la mort, c'est-à-dire la respiration ou son absence, on l'identifia avec l'haleine. Le nom de

Psyché, sous lequel les Hellènes, à une époque avancée de l'antiquité, personnifièrent l'âme humaine, n'était que le mot signifiant le souffle de la respiration.

Bien avant ce symbole de l'âme, avait été créé celui de l'irrésistibilité du sentiment générateur. Avec l'affinement de l'esprit grec, le dieu de l'Amour fut revêtu d'une forme poétique. Éros (le Cupidon des Romains) fut présenté comme fils et compagnon inséparable de la déesse de la Beauté. Les poètes depuis Hésiode célèbrent sa toute-puissance, et celui qui l'a exalté le plus et l'a rendu populaire, Euripide, l'appelle « le plus éminent des dieux, le tyran des hommes et des immortels ». Ce n'était encore, à vrai dire, que la personnification de l'amour charnel, comme il convenait pour le fils d'Aphrodite (Vénus). Pour ennoblir, pour épurer ce sentiment ou cet instinct, il était nécessaire d'y associer l'âme et ses impulsions désintéressées. On imagina donc de symboliser cette alliance par le mariage d'Éros et de Psyché. La légende mythique des péripéties qui précédèrent cette union offre une charmante allégorie des joies et des tortures de l'âme en proie à l'amour; purifiée par les épreuves, elle devient immortelle. Cette fiction personnifiait à la fois les croyances antiques d'après lesquelles les âmes tournent autour de la terre et s'incarnent ensuite grâce à l'attrait puissant de l'amour.

Le développement littéraire de cette allégorie, de ce véritable roman, est une conception relativement tardive.

Elle fut empruntée aux Grecs par Apulée, auteur gréco-latin du IIe siècle de notre ère, et introduite par lui, comme un épisode, dans son roman de *l'Ane d'or*, imité de Lucien. L'art s'en empara aussitôt, et la représentation de Cupidon avec Psyché fut adoptée pour symbole du mariage; elle constituait, sous forme de camées, le présent habituel de noces dans la société romaine.

Ce sujet païen, abandonné évidemment pendant toute la durée du moyen âge, ne reparut qu'à la Renaissance. De même qu'à l'époque antique, les petites œuvres d'art qui s'en inspirèrent devinrent abondantes; mais Raphaël est le premier qui ait composé, d'après cette fable, toute une série de scènes, que lui-même ou ses élèves exécutèrent à fresque au palais de Chigi à Rome (la Farnésine).

Presque aussitôt, cette fable fut illustrée plus complètement, en trente-deux compositions, qu'on attribua aussi à Raphaël, sans aucune certitude, les dessins originaux n'existant plus depuis longtemps. Elles eurent un succès immense. Gravées au burin, à l'époque même, par les élèves de Marc-Antoine, elles furent, avec plus ou moins de changements, reproduites dans des vitraux en grisaille (en 1541-1542) au château d'Écouen, pour le connétable Anne de Montmorency (aujourd'hui au château de Chantilly); puis, sous forme de livre, dans de ravissantes gravures sur bois (Paris, 1546), dont le dessin, comme celui des vitraux, passe pour être de Jean Cousin, le plus grand

peintre français du temps; enfin, en 1586, Léonard Gaultier
les grava à nouveau sur cuivre, également en petit format.
Ces intéressantes compositions furent même reproduites
en tapisserie.

Si ces manifestations artistiques continuaient toujours
à charmer les yeux, l'œuvre littéraire d'Apulée finit par
tomber dans l'oubli. La Fontaine redonna un nouveau
succès à la fable de Psyché, qu'il développa à sa façon et
dont il rajeunit la forme (1669). Chose incroyable, cette
œuvre ne tenta aucun illustrateur pendant plus d'un siècle,
malgré, peut-être même à cause du précédent raphaé-
lesque. Le règne du Roi Soleil était cependant celui de
l'allégorie dans l'art. On n'y songea qu'au déclin du règne
de Louis XVI, mais cette illustration ne vit pas le jour.
On s'y reprit en pleine période révolutionnaire, mais cette
tentative fut malheureuse, car les quatre planches en couleurs, d'après les tableaux du peintre strasbourgeois Schall,
qui décorent l'édition de 1791 du texte de La Fontaine, ne
relèvent que de l'imagerie. Sous le Directoire, époque peu
idéaliste cependant, on recommença, et mieux cette fois.
En 1795, le libraire Saugrain réédita cette œuvre avec huit
gravures en noir d'après Moreau le jeune; deux ans plus
tard, elle reparut chez Didot l'aîné avec cinq compositions
de Gérard. On n'a pas à tenir compte de quelques autres
éditions sans importance.

Pour une allégorie aussi merveilleusement conçue, d'une

vérité et d'un intérêt éternels, se prêtant aussi plus que bien
d'autres à l'interprétation graphique, c'était un peu maigre
comme illustration, tantôt au point de vue de la qualité,
tantôt à celui de l'abondance, surtout après les précédents
du xvıe siècle.

Il y eut cependant, à cette époque, un dessinateur
connu et fécond, auquel on reconnaît aujourd'hui un talent
réel et dont on apprécie la grâce, le charme et la finesse,
qui comprit tout autrement l'illustration de cette fable délicieuse et s'y adonna avec amour. C'était Antoine Borel, un
Parisien, né en 1743, fils d'un peintre de portraits. Il débuta
vers 1768 par des illustrations de caractère historique. Si
plus tard, pendant des années même, il n'a fait des dessins
que pour des livres plus que galants, parfois même plus
que gaillards, c'était assurément par nécessité, par métier
(comme cela s'est vu et se voit souvent), et nullement par
licence d'esprit, car il a fini sa carrière d'artiste par de
ravissantes illustrations des Œuvres de Berquin (1803). Ce
dessinateur, qu'on a accusé, de nos jours, d'avoir été l'un
des plus relâchés de son temps, avait composé, vers la fin
du règne de Louis XVI, une suite de vingt-six dessins dont
deux frontispices pour orner *les Amours de Psyché et de
Cupidon*. Il les fit en couleurs, comme cela seyait à un tel
sujet. Sa longue spécialisation dans les livres érotiques le
qualifiait peut-être mieux qu'aucun autre pour écrire au
pinceau les aventures d'Éros. Il y avait acquis un singulier

tour de main pour pouvoir rendre frémissant le nu même
très habillé, sans qu'il cesse d'être chaste. D'autre part,
il fut le premier qui ait eu l'intuition que cette fable,
quoique d'origine grecque, est une allégorie commune au
genre humain, et susceptible, comme telle, de se prêter à
des interprétations variées. Il eut donc l'idée de l'illustrer
à la française, et c'est là son originalité. Dans toutes ses
compositions pour cette œuvre, on saisit une préoccupa-
tion idéale à côté des impressions sensuelles, et la douce,
l'harmonieuse tonalité de son pinceau, jointe à toutes les
magnificences décoratives, donnent à cette suite d'aquarelles le cachet d'interprétation d'une séduisante féerie.
Certes, tout n'y est pas irréprochable, mais il ne faut pas
oublier à cet égard le précepte d'Horace, qui s'applique
aussi bien à l'art qu'à la poésie.

Tout indique que ces dessins furent exécutés pour
illustrer un volume et non pour être traduits en estampes;
on est même autorisé à penser qu'ils avaient été comman-
dés par Didot, le grand éditeur de livres illustrés à cette
époque. D'où vient qu'ils n'ont pas été utilisés malgré leur
charme? La raison dut en être double. D'une part, à
cause de l'époque troublée, l'éditeur a pu reculer devant
la grosse dépense pour des illustrations en couleurs; de
l'autre, l'école pseudo-classique de David exerçait déjà son
influence, et les fades compositions de Gérard convenaient
sans doute mieux au goût particulier de ce temps. Les

dessins de Borel restèrent si complètement ignorés que les
biographes récents de cet artiste n'en connaissaient même
pas l'existence. Passés entre les mains du grand amateur
Morel de Vindé, ils ne sortirent que tardivement de celles
de ses héritiers pour reparaître à la vente de la collection
Decloux en 1898. M. Théophile Belin n'hésita pas à les
acquérir à un très gros prix, et cela avec l'idée bien arrêtée
de les faire connaître à la France, au monde même, par
voie de reproduction. Il a voulu faire ce que l'éditeur du
siècle dernier avait manqué de réaliser : il s'est imposé la
tâche lourde, mais digne de tous les éloges, de publier le
texte des *Amours de Psyché et de Cupidon* avec les illustrations de Borel, sous l'aspect que ce livre aurait eu à
l'époque même. Il y a convié deux artistes de marque,
MM. Vigna et Vigneron, qui ont fait revivre les procédés de
la gravure en couleurs du siècle dernier, avec suppression
de toute retouche finale au pinceau. J'ai pu constater moi-
même ce résultat à l'imprimerie, modeste d'aspect, mais
excellente, de M. Geny-Gros, qui a apporté au tirage des
planches son habileté éprouvée et ses soins les plus attentifs. Ces reproductions nous rendent les originaux d'une
façon parfaite. La partie typographique a été confiée à la
célèbre maison Chamerot et Renouard, et c'est tout dire.

De cet ensemble d'efforts, est né un beau livre, réussi
à souhait, et tout véritable bibliophile, tout iconophile et
tout amoureux de l'art français s'en réjouira. Il s'agit là,

en effet, de la plus belle illustration polychrome du siècle
dernier, et aucune œuvre d'art de cette époque, si bien
française après celle du moyen âge, ne saurait nous rester
indifférente. L'estime, l'admiration même que nous pou-
vons professer pour tel ou tel de nos illustrateurs contem-
porains ne doit pas nous détourner de l'hommage dû à
leurs aînés, à leurs ancêtres. Et il eût été vraiment préju-
diciable à notre art national dans le domaine du livre que
cette suite de dessins de Borel fût demeurée inconnue du
public. Rendons grâces à Dieu de les avoir préservés de la
destruction et complimentons M. Belin de son heureuse
idée. Il a fait là acte de patriotisme et il aura pour récompense cette gloire, qui n'est pas commune, que nul autre
après lui ne pourra plus refaire une publication semblable,
car il est à peu près certain qu'on ne retrouvera jamais,
dans ce genre, et de ce temps, une autre œuvre française
inédite et digne comme celle-ci de passer à la postérité.

UN ICONOPHILE.

A MADAME LA DUCHESSE

DE BOUILLON.

MADAME,

C'EST avec quelque sorte de confiance que je vous dédie cet ouvrage; non qu'il n'ait assurément des défauts, et que le présent que je vous fais soit d'un tel mérite qu'il ne me donne sujet de craindre; mais comme VOTRE ALTESSE est équitable, elle agréera du moins mon intention. Ce qui doit toucher les grands, ce n'est pas le prix des dons qu'on leur fait; c'est le zele qui accompagne ces mêmes dons, et qui, pour en mieux parler, fait leur véritable prix auprès d'une ame comme la vôtre. Mais, MADAME, j'ai tort d'appeler présent ce qui n'est qu'une simple reconnoissance. *Il y a long-temps que monseigneur le duc de Bouillon me comble de graces, d'autant plus grandes que je les mérite moins. Je ne suis pas né pour le suivre dans les dangers : cet honneur est réservé à des destinées plus illustres que la mienne : ce que je puis, est de faire des vœux pour sa gloire, et d'y prendre part en mon cabinet pendant qu'il remplit les provinces les plus éloignées des témoignages de sa valeur, et qu'il suit les traces de son oncle et de ses ancêtres sur ce théâtre où ils ont paru avec tant d'éclat, et qui retentira long-temps de leur nom et de leurs exploits. Je me figure l'héritier de tous ces héros cherchant les périls dans le même temps que je jouis d'une oisiveté que les seules Muses interrompent. Certes c'est un bonheur extraordinaire pour moi qu'un prince qui a tant de passion pour la guerre, tellement ennemi du repos et de la mollesse, me voie d'un œil aussi favorable, et me donne autant de marques de bienveillance que si j'avois exposé ma vie pour son service. J'avoue, MADAME, que je suis sensible à ces choses; heureux que SA MAJESTÉ m'ait donné un maître qu'on ne sauroit trop aimer! malheureux de lui être si inutile! J'ai cru que VOTRE ALTESSE seroit bien aise que je la fisse entrer en société de louanges avec un époux qui lui est si cher. L'union vous rend vos avantages communs, et en multiplie la gloire pour ainsi dire. Pendant que vous écoutez avec transport le récit de ses belles actions, il n'a pas moins de ravissement d'entendre ce que toute la France publie de la beauté de votre ame, de la vivacité de votre esprit, de votre humeur bienfaisante, de l'amitié que vous avez contractée avec les Graces; elle est telle qu'on ne croit pas que vous puissiez jamais vous séparer. Ce n'est là qu'une partie des louanges que l'on vous donne. Je voudrois avoir un amas de paroles assez précieuses pour achever cet éloge, et pour vous témoigner plus parfaitement que je n'ai fait jusqu'ici avec combien de passion et de zele je suis,*

MADAME,

DE VOTRE ALTESSE

Le très humble et très obéissant
serviteur.

DE LA FONTAINE.

PRÉFACE.

J'ai trouvé de plus grandes difficultés dans cet ouvrage qu'en aucun autre qui soit sorti de ma plume.
Cela surprendra sans doute ceux qui le liront : on
ne s'imaginera jamais qu'une fable contée en prose
m'ait tant emporté de loisir; car pour le principal
point, qui est la conduite, j'avois mon guide, il
m'étoit impossible de m'égarer; Apulée me fournissoit la matiere. Il ne restoit que la forme, c'est-à-
dire les paroles : et d'amener de la prose à quelque
point de perfection, il ne semble pas que ce soit une
chose fort mal-aisée; c'est la langue naturelle de
tous les hommes. Avec cela je confesse qu'elle me
coûte autant que les vers. Que si jamais elle m'a

coûté, c'est dans cet ouvrage. Je ne savois quel
caractere choisir : celui de l'histoire est trop simple ;
celui du roman n'est pas encore assez orné ; et celui
du poëme l'est plus qu'il ne faut. Mes personnages
me demandoient quelque chose de galant ; leurs
aventures, étant pleines de merveilleux en beaucoup
d'endroits, me demandoient quelque chose d'hé-
roïque et de relevé. D'employer l'un en un endroit,
et l'autre en un autre, il n'est pas permis ; l'unifor-
mité de style est la regle la plus étroite que nous
ayons. J'avois donc besoin d'un caractere nouveau,
et qui fût mêlé de tous ceux-là : il me le falloit
réduire dans un juste tempérament : j'ai cherché ce
tempérament avec un grand soin : que je l'aie ou
non rencontré, c'est ce que le public m'apprendra.

Mon principal but est toujours de plaire : pour en
venir là je considere le goût du siecle. Or après plusieurs expériences il m'a semblé que ce goût se porte
au galant et à la plaisanterie : non que l'on méprise
les passions ; bien loin de cela, quand on ne les
trouve pas dans un roman, dans un poëme, dans
une piece de théâtre, on se plaint de leur absence ;

mais dans un conte comme celui-ci, qui est plein de merveilleux à la vérité, mais d'un merveilleux accompagné de badineries, et propre à amuser des enfants, il a fallu badiner depuis le commencement jusqu'à la fin; il a fallu chercher du galant et de la plaisanterie. Quand il ne l'auroit pas fallu, mon inclination m'y portoit; et peut-être y suis-je tombé en beaucoup d'endroits contre la raison et la bienséance.

Voilà assez raisonné sur le genre d'écrire que j'ai choisi : venons aux inventions. Presque toutes sont d'Apulée; j'entends les principales et les meilleures. Il y a quelques épisodes de moi, comme l'aventure de la grotte, le vieillard et les deux bergeres, le temple de Vénus et son origine, la description des enfers, et tout ce qui arrive à Psyché pendant le voyage qu'elle y fait, et à son retour jusqu'à la conclusion de l'ouvrage. La maniere de conter est aussi de moi, et les circonstances, et ce que disent les personnages. Enfin ce que j'ai pris de mon auteur est la conduite et la fable; et c'est en effet le principal, le plus ingénieux, et le meilleur de beaucoup. Avec cela j'y ai changé quantité d'endroits, selon la liberté ordinaire que je me donne. Apulée fait servir Psyché par des voix dans un lieu où rien ne doit manquer à ses plaisirs, c'est-à-dire qu'il lui fait goûter ces plaisirs sans que personne paroisse. Premièrement cette solitude est ennuyeuse, outre cela elle est effroyable. Où est l'aventurier et le brave qui toucheroit à des viandes lesquelles viendroient d'elles-mêmes se présenter? Si un luth jouoit tout seul, il me feroit fuir, moi qui aime extrêmement la musique. Je fais donc servir Psyché par des Nymphes qui ont soin de l'habiller, qui l'entretiennent de choses agréables, qui lui donnent des comédies et des divertissements de toutes les sortes.

Il seroit long, et même inutile, d'examiner les endroits où j'ai quitté mon original, et pourquoi je l'ai quitté. Ce n'est pas à force de raisonnements qu'on fait entrer le plaisir dans l'ame de ceux qui lisent : leur sentiment me justifiera, quelque téméraire que j'aie été, ou me rendra condamnable quelque raison qui me justifie. Pour bien faire il faut considérer mon ouvrage sans relation à ce qu'a fait Apulée, et ce qu'a fait Apulée sans relation à mon livre, et là-dessus s'abandonner à son goût.

Au reste j'avoue qu'au lieu de rectifier l'oracle dont il se sert au commencement des aventures de Psyché, et qui fait en partie le nœud de la fable, j'en ai augmenté l'inconvénient, faute d'avoir rendu cet oracle ambigu et court, qui sont les deux qualités que les réponses des Dieux doivent avoir, et qu'il m'a été impossible de bien observer. Je me suis assez mal tiré de la derniere en disant que cet oracle contenoit aussi la glose des prêtres; car les prêtres n'entendent pas ce que le Dieu leur fait dire : toutefois il peut leur avoir inspiré la paraphrase aussi bien qu'il leur a inspiré le texte; et je me sauverai encore par-là. Mais sans que je cherche ces petites subtilités, quiconque fera réflexion sur la chose trouvera que ni Apulée ni moi nous n'avons failli.

Je conviens qu'il faut tenir l'esprit en suspens dans ces sortes de narrations, comme dans les pieces de théâtre : on ne doit jamais découvrir la fin des évènements; on doit bien les préparer, mais on ne doit pas les prévenir. Je conviens encore qu'il faut que Psyché appréhende que son mari ne soit un monstre. Tout cela est apparemment contraire à l'oracle dont il s'agit, et ne l'est pas en effet : car premièrement la suspension des esprits et l'artifice de cette fable ne consistent pas à empêcher que le lecteur ne s'apperçoive de la véritable qualité du mari qu'on donne à Psyché; il suffit que Psyché ignore qui est celui qu'elle a épousé, et que l'on soit en attente de savoir si elle verra cet époux, par quels moyens elle le verra, et quelles seront les agitations de son ame après qu'elle l'aura vu. En un mot le plaisir que doit donner cette fable à ceux qui la lisent, ce n'est pas leur incertitude à l'égard de la qualité de ce mari, c'est l'incertitude de Psyché seule : il ne faut pas que l'on croie un seul moment qu'une si aimable personne ait été livrée à la passion d'un monstre, ni même qu'elle s'en tienne assurée; ce seroit un trop grand sujet d'indignation au lecteur. Cette Belle doit trouver de la douceur dans la conversation et dans les caresses de son mari, et de fois à autres appréhender que ce ne soit un démon ou un enchanteur : mais le moins de temps que cette pensée lui peut durer, jusqu'à ce qu'il soit besoin de préparer la catastrophe, c'est assurément le plus à propos. Qu'on ne dise point que l'oracle l'empêche bien de l'avoir. Je confesse que cet oracle est très clair pour nous; mais il pouvait ne l'être pas pour Psyché : elle vivoit dans un siecle si innocent, que les gens d'alors pouvoient ne pas connoître l'amour sous toutes les formes que l'on lui donne. C'est à quoi on doit prendre garde; et par ce moyen il n'y aura plus d'objection à me faire pour ce point-là.

Assez d'autres fautes me seront reprochées sans doute; j'en demeurerai d'accord, et ne prétends pas que mon ouvrage soit accompli : j'ai tâché seulement de faire en sorte qu'il plût, et que même on y trouvât du solide aussi bien que de l'agréable.

C'est pour cela que j'y ai enchâssé des vers en beaucoup d'endroits, et quelques autres enrichissements, comme le voyage des quatre amis, leur dialogue touchant la compassion et le rire, la description des enfers, celle d'une partie de Versailles.

Cette derniere n'est pas tout-à-fait conforme à l'état présent des lieux; je les ai décrits en celui où dans deux ans on les pourra voir. Il se peut faire que mon ouvrage ne vivra pas si long-temps; mais quelque peu d'assurance qu'ait un auteur qu'il entretiendra un jour la postérité, il doit toujours se la proposer autant qu'il lui est possible, et essayer de faire les choses pour son usage.

Les Amours

de

Psyché et de Cupidon

par

Jean de La Fontaine

Illustrations de A. Borel

1ère Partie

LES AMOURS
DE PSYCHÉ
ET
DE CUPIDON.

LIVRE PREMIER.

Quatre amis, dont la connoissance avoit commencé par le Parnasse, lièrent une espece de société, que j'appellerois académie si leur nombre eût été plus grand, et qu'ils eussent autant regardé les muses que le plaisir. La premiere chose qu'ils firent, ce fut de bannir d'entre eux les conversations réglées, et tout ce qui sent sa conférence académique. Quand ils se trouvoient ensemble, et qu'ils avoient bien parlé de leurs divertissements, si le hasard les faisoit tomber sur quelque point de science ou de belles-lettres, ils profitoient de l'occasion. C'étoit toutefois sans s'arrêter trop long-temps à une même matiere, voltigeant de propos en autres, comme des abeilles qui rencontreroient en leur chemin diverses sortes de fleurs.

1

L'envie, la malignité ni la cabale, n'avoient de voix
parmi eux. Ils adoroient les ouvrages des anciens, ne refu-
soient point à ceux des modernes les louanges qui leur sont
dues, parloient des leurs avec modestie, et se donnoient
des avis sinceres lorsque quelqu'un d'eux tomboit dans la
maladie du siecle, et faisoit un livre, ce qui arrivoit rarement.

Polyphile y étoit le plus sujet (c'est le nom que je donnerai à l'un de ces quatre amis). Les aventures de Psyché
lui avoient semblé fort propres pour être contées agréablement. Il y travailla long-temps sans en parler à personne.
Enfin il communiqua son dessein à ses trois amis; non pas
pour leur demander s'il continueroit, mais comment ils
trouvoient à propos qu'il continuât. L'un lui donna un avis,
l'autre un autre : de tout cela il ne prit que ce qu'il lui
plut. Quand l'ouvrage fut achevé, il demanda jour et rendez-
vous pour le lire.

Acante ne manqua pas, selon sa coutume, de proposer
une promenade en quelque lieu hors la ville, qui fût éloigné, et où peu de gens entrassent : on ne les viendroit
point interrompre; ils écouteroient cette lecture avec moins
de bruit et plus de plaisir. Il aimoit extrêmement les jardins, les fleurs, les ombrages. Polyphile lui ressembloit en
cela : mais on peut dire que celui-ci aimoit toutes choses.
Ces passions, qui leur remplissoient le cœur d'une certaine
tendresse, se répandoient jusqu'en leurs écrits, et en for-

moient le principal caractere. Ils penchoient tous deux vers le lyrique; avec cette différence qu'Acante avoit quelque chose de plus touchant, Polyphile de plus fleuri.

Des deux autres amis, que j'appellerai Ariste et Gélaste, le premier étoit sérieux sans être incommode; l'autre étoit fort gai.

La proposition d'Acante fut approuvée. Ariste dit qu'il y avoit de nouveaux embellissements à Versailles : il falloit les aller voir, et partir matin, afin d'avoir le loisir de se promener après qu'ils auroient entendu les aventures de Psyché. La partie fut incontinent conclue : dès le lendemain ils l'exécuterent. Les jours étoient encore assez longs, et la saison belle; c'étoit pendant le dernier automne.

Nos quatre amis étant arrivés à Versailles de fort bonne heure, voulurent voir avant le dîner la ménagerie : c'est un lieu rempli de plusieurs sortes de volatiles et de quadrupedes, la plupart très rares et de pays éloignés. Ils admirerent en combien d'especes une seule espece d'oiseaux se multiplioit, et louerent l'artifice et les diverses imaginations de la nature, qui se joue dans les animaux comme elle fait dans les fleurs. Ce qui leur plut davantage, ce furent les demoiselles de Numidie, et certains oiseaux pêcheurs qui ont un bec extrêmement long, avec une peau au-dessous qui leur sert de poche. Leur plumage est blanc, mais d'un blanc plus clair que celui des cygnes : même de près il paroît carné, et tire sur le couleur de rose vers la racine.

On ne peut rien voir de plus beau. Ce sont espece de cormorans.

Comme nos gens avoient encore du loisir, ils firent un tour à l'orangerie. La beauté et le nombre des orangers et des autres plantes qu'on y conserve ne se sauroit exprimer. Il y a tel de ces arbres qui a résisté aux attaques de cent hivers.

Acante ne voyant personne autour de lui que ses trois amis (celui qui les conduisoit étoit éloigné), Acante, dis-je, ne se put tenir de réciter certains couplets de poésie, que les autres se souvinrent d'avoir vus dans un ouvrage de sa façon.

Sommes-nous, dit-il, en Provence?
Quel amas d'arbres toujours verds
Triomphe ici de l'inclémence
Des aquilons et des hivers!

Jasmins dont un air doux s'exhale,
Fleurs que les vents n'ont pu ternir,
Aminte en blancheur vous égale;
Et vous m'en faites souvenir.

Orangers, arbres que j'adore,
Que vos parfums me semblent doux!
Est-il dans l'empire de Flore
Rien d'agréable comme vous?

Vos fruits aux écorces solides
Sont un véritable trésor ;
Et le jardin des Hespérides
N'avoit point d'autres pommes d'or.

Lorsque votre automne s'avance
On voit encor votre printemps :
L'espoir avec la jouissance
Logent chez vous en même temps.

Vos fleurs ont embaumé tout l'air que je respire.
Toujours un aimable zéphyre
Autour de vous se va jouant.
Vous êtes nains : mais tel arbre géant,
Qui déclare au soleil la guerre,
Ne vous vaut pas,
Bien qu'il couvre un arpent de terre
Avec ses bras.

La nécessité de manger fit sortir nos gens de ce lieu si délicieux. Tout leur dîner se passa à s'entretenir des choses qu'ils avoient vues, et à parler du monarque pour qui on a assemblé tant de beaux objets. Après avoir loué ses principales vertus, les lumieres de son esprit, ses qualités héroïques, la science de commander ; après, dis-je, l'avoir loué fort long-temps, ils revinrent à leur premier entretien, et dirent que Jupiter seul peut continuellement s'appliquer à la conduite de l'univers. Les hommes ont besoin de quelque relâche : Alexandre faisoit la débauche; Auguste jouoit; Scipion et Lælius s'amusoient souvent à jeter des pierres plates sur l'eau; notre monarque se divertit à faire bâtir des palais, cela est digne d'un roi. Il y a même une utilité générale; car par ce moyen les sujets peuvent prendre part aux plaisirs du prince, et voir avec admiration ce qui n'est pas fait pour eux. Tant de beaux jardins et de somptueux édifices sont la gloire de leur pays. Et que ne disent point les étrangers! que ne dira point la postérité quand elle verra ces chefs-d'œuvre de tous les arts!

Les réflexions de nos quatre amis finirent avec leur repas. Ils retournerent au château, virent les dedans, que je ne décrirai point, ce seroit une œuvre infinie. Entre autres beautés ils s'arrêterent long-temps à considérer le lit, la tapisserie et les sieges dont on a meublé la chambre et le cabinet du roi. C'est un tissu de la Chine plein de figures qui contiennent toute la religion de ce pays-là. Faute de brachmane, nos quatre amis n'y comprirent rien.

Du château ils passerent dans les jardins, et prierent celui qui les conduisoit de les laisser dans la grotte jusqu'à ce que la chaleur fût adoucie : ils avoient fait apporter des sieges; leur billet venoit de si bonne part qu'on leur accorda ce qu'ils demandoient; même afin de rendre le lieu plus frais, on en fit jouer les eaux. La face de cette grotte est composée en dehors de trois arcades qui font autant de portes grillées. Au milieu d'une des arcades est un soleil,

de qui les rayons servent de barreaux aux portes. Il ne
s'est jamais rien inventé de si à propos ni de si plein d'art.
Au-dessus sont trois bas-reliefs.

Dans l'un, le dieu du jour acheve sa carriere.
Le sculpteur a marqué ces longs traits de lumiere,
Ces rayons dont l'éclat dans les airs s'épanchant
Peint d'un si riche émail les portes du couchant.
On voit aux deux côtés le peuple d'Amathonte
Préparer le chemin sur des dauphins qu'il monte.
Chaque Amour à l'envi semble se réjouir
De l'approche du dieu dont Thétis va jouir.
Des troupes de zéphyrs dans les airs se promenent ;
Les Tritons empressés sur les flots vont et viennent.
Le dedans de la grotte est tel que les regards
Incertains de leur choix courent de toutes parts.
Tant d'ornements divers, tous capables de plaire,
Font accorder le prix tantôt au statuaire,
Et tantôt à celui dont l'art industrieux
Des trésors d'Amphitrite a revêtu ces lieux.
La voûte et le pavé sont d'un rare assemblage ;
Ces cailloux que la mer pousse sur son rivage,
Ou qu'enferme en son sein le terrestre élément,
Différents en couleur font maint compartiment.
Au haut de six piliers d'une égale structure,
Six masques de rocaille, à grotesque figure,
Songes de l'art, démons bizarrement forgés,
Au-dessus d'une niche en face sont rangés.
De mille raretés la niche est toute pleine.

Un Triton d'un côté, de l'autre une Sirene,
Ont chacun une conque en leurs mains de rocher.
Leur souffle pousse un jet qui va loin s'épancher.
Au haut de chaque niche un bassin répand l'onde :
Le masque la vomit de sa gorge profonde.
Elle retombe en nappe, et compose un tissu
Qu'un autre bassin rend sitôt qu'il l'a reçu.
Le bruit, l'éclat de l'eau, sa blancheur transparente,
D'un voile de crystal alors peu différente,
Font goûter un plaisir de cent plaisirs mêlé.
Quand l'eau cesse, et qu'on voit son crystal écoulé,
La nacre et le corail en réparent l'absence :
Morceaux pétrifiés, coquillage, croissance,
Caprices infinis du hasard et des eaux,
Reparoissent aux yeux plus brillants et plus beaux.
Dans le fond de la grotte une arcade est remplie
De marbres à qui l'art a donné de la vie.
Le dieu de ces rochers, sur une urne penché,
Goûte un morne repos, en son antre couché.
L'urne verse un torrent; tout l'antre s'en abreuve.
L'eau retombe en glacis, et fait un large fleuve.

J'ai pu jusqu'à présent exprimer quelques traits
De ceux que l'on admire en ce moite palais;
Le reste est au-dessus de mon foible génie.
Toi qui lui peux donner une force infinie,
Dieu des vers et du jour, Phébus, inspire-moi :
Aussi bien désormais faut-il parler de toi.
Quand le Soleil est las, et qu'il a fait sa tâche,
Il descend chez Thétis, et prend quelque relâche.

L'époux que les Dieux gardent à votre fille
Est un monstre cruel qui dechire les coeurs

C'est ainsi que Louis s'en va se délasser

D'un soin que tous les jours il faut recommencer.

Si j'étois plus savant en l'art de bien écrire,

Je peindrois ce monarque étendant son empire :

Il lanceroit la foudre; on verroit à ses pieds

Des peuples abattus, d'autres humiliés.

Je laisse ces sujets aux maîtres du Parnasse :

Et pendant que Louis, peint en dieu de la Thrace,

Fera bruire en leurs vers tout le sacré vallon,

Je le célébrerai sous le nom d'Apollon.

    Ce dieu, se reposant sous ces voûtes humides,

Est assis au milieu d'un chœur de Néréides.

Toutes sont des Vénus de qui l'air gracieux

N'entre point dans son cœur, et s'arrête à ses yeux.

Il n'aime que Thétis, et Thétis les surpasse.

Chacune en le servant fait office de Grace.

Doris verse de l'eau sur la main qu'il lui tend.

Chloé dans un bassin reçoit l'eau qu'il répand.

A lui laver les pieds Mélicerte s'applique.

Delphire entre ses bras tient un vase à l'antique.

Climene auprès du dieu pousse en vain des soupirs :

Hélas! c'est un tribut qu'elle envoie aux zéphyrs.

Elle rougit par fois, par fois baisse la vue;

Rougit, autant que peut rougir une statue :

Ce sont des mouvements qu'au défaut du sculpteur

Je veux faire passer dans l'esprit du lecteur.

Parmi tant de Beautés, Apollon est sans flamme.

Celle qu'il s'en va voir seule occupe son ame.

Il songe au doux moment où libre et sans témoins

Il reverra l'objet qui dissipe ses soins.
Oh! qui pourroit décrire en langue du Parnasse
La majesté du dieu, son port si plein de grace,
Cet air que l'on n'a point chez nous autres mortels,
Et pour qui l'âge d'or inventa les autels!
Les coursiers de Phébus, aux flambantes narines,
Respirent l'ambrosie en des grottes voisines;
Les Tritons en ont soin : l'ouvrage est si parfait
Qu'ils semblent panteler du chemin qu'ils ont fait.
Aux deux bouts de la grotte et dans deux enfonçures
Le sculpteur a placé deux charmantes figures.
L'une est le jeune Acis, aussi beau que le jour :
Les accords de sa flûte inspirent de l'amour.
Debout contre le roc, une jambe croisée,
Il semble par ses sons attirer Galatée;
Par ses sons, et peut-être aussi par sa beauté.
Le long de ces lambris un doux charme est porté.
Les oiseaux, envieux d'une telle harmonie,
Épuisent ce qu'ils ont et d'art et de génie.
Philomele à son tour veut s'entendre louer,
Et chante par ressorts que l'onde fait jouer.
Écho même répond, Écho toujours hôtesse
D'une voûte ou d'un roc témoin de sa tristesse.
L'onde tient sa partie. Il se forme un concert
Où Philomele, l'eau, la flûte, enfin tout sert.
Deux lustres de rocher de ces voûtes descendent.
En liquide crystal leurs branches se répandent :
L'onde sert de flambeaux; usage tout nouveau.
L'art en mille façons a su prodiguer l'eau.

D'une table de jaspe un jet part en fusée ;
Puis en perles retombe, en vapeur, en rosée.
L'effort impétueux dont il va s'élançant
Fait frapper le lambris au crystal jaillissant :
Telle et moins violente est la balle enflammée.
L'onde malgré son poids dans le plomb renfermée
Sort avec un fracas qui marque son dépit,
Et plaît aux écoutants plus il les étourdit.
Mille jets, dont la pluie à l'entour se partage,
Mouillent également l'imprudent et le sage.
Craindre ou ne craindre pas à chacun est égal :
Chacun se trouve en butte au liquide crystal.
Plus les jets sont confus, plus leur beauté se montre.
L'eau se croise, se joint, s'écarte, se rencontre,
Se rompt, se précipite à travers les rochers,
Et fait comme alambics distiller leurs planchers.
Niches, enfoncements, rien ne sert de refuge.
Ma muse est impuissante à peindre ce déluge :
Quand d'une voix de fer je frapperois les cieux,
Je ne pourrois nombrer les charmes de ces lieux.

Les quatre amis ne voulurent point être mouillés. Ils
prierent celui qui leur faisoit voir la grotte de réserver ce
plaisir pour le bourgeois ou pour l'Allemand, et de les
placer en quelque coin où ils fussent à couvert de l'eau.
Ils furent traités comme ils souhaitoient.

Quand leur conducteur les eut quittés, ils s'assirent
à l'entour de Polyphile, qui prit son cahier; et ayant

toussé pour se nettoyer la voix, il commença par ces
vers :

> Le dieu qu'on nomme Amour n'est pas exempt d'aimer;
>   A son flambeau quelquefois il se brûle :
> Et si ses traits ont eu la force d'entamer
>   Les cœurs de Pluton et d'Hercule,
>   Il n'est pas inconvénient
>   Qu'étant aveugle, étourdi, téméraire,
>   Il se blesse en les maniant;
>   Je n'y vois rien qui ne se puisse faire :
>   Témoin Psyché, dont je vous veux conter
> La gloire et les malheurs chantés par Apulée.
>   Cela vaut bien la peine d'écouter;
>   L'aventure en est signalée.

Polyphile toussa encore une fois après cet exorde : puis,
chacun s'étant préparé de nouveau pour lui donner plus
d'attention, il commença ainsi son histoire :

Lorsque les villes de la Grece étoient encore soumises
à des rois, il y en eut un qui, régnant avec beaucoup de
bonheur, se vit non seulement aimé de son peuple, mais
aussi recherché de tous ses voisins. C'étoit à qui gagne-
roit son amitié; c'étoit à qui vivroit avec lui dans une parfaite correspondance; et cela, parcequ'il avoit trois filles
à marier.

Toutes trois étoient plus considérables par leurs attraits

que par les états de leur pere. Les deux aînées eussent pu
passer pour les plus belles filles du monde si elles n'eussent
point eu de cadette : mais véritablement cette cadette leur
nuisoit fort. Elles n'avoient que ce défaut-là : défaut qui
étoit grand, à n'en point mentir; car Psyché, c'est ainsi que
leur jeune sœur s'appeloit, Psyché, dis-je, possédoit tous
les appas que l'imagination peut se figurer, et ceux où
l'imagination même ne peut atteindre. Je ne m'amuserai
point à chercher des comparaisons jusque dans les astres
pour vous la représenter assez dignement : c'étoit quelque
chose au-dessus de tout cela, et qui ne se sauroit exprimer
par les lis, les roses, l'ivoire ni le corail. Elle étoit telle
enfin que le meilleur poëte auroit de la peine à en faire
une pareille.

En cet état il ne se faut pas étonner si la reine de
Cythere en devint jalouse. Cette déesse appréhendoit, et
non sans raison, qu'il ne lui fallût renoncer à l'empire
de la beauté, et que Psyché ne la détrônât : car, comme
on est toujours amoureux de choses nouvelles, chacun
couroit à cette nouvelle Vénus. Cythérée se voyoit réduite
aux seules îles de son domaine : encore une bonne partie
des Amours, anciens habitants de ces îles bienheureuses,
la quittoient-ils pour se mettre au service de sa rivale.
L'herbe croissoit dans ses temples, qu'elle avoit vus naguere
si fréquentés : plus d'offrandes, plus de dévots, plus de
pélerinages pour l'honorer. Enfin la chose passa si avant

qu'elle en fit ses plaintes à son fils, et lui représenta que
le désordre iroit jusqu'à lui.

> Mon fils, dit-elle en lui baisant les yeux,
> La fille d'un mortel en veut à ma puissance ;
> Elle a juré de me chasser des lieux
> Où l'on me rend obéissance :
> Et qui sait si son insolence
> N'ira pas jusqu'au point de me vouloir ôter
> Le rang que dans les cieux je pense mériter ?

> Paphos n'est plus qu'un séjour importun :
> Des Graces et des Ris la troupe m'abandonne :
> Tous les Amours, sans en excepter un,
> S'en vont servir cette personne.
> Si Psyché veut notre couronne,
> Il faut la lui donner ; elle seule aussi bien
> Fait en Grece à présent votre office et le mien.

> L'un de ces jours je lui vois pour époux
> Le plus beau, le mieux fait de tout l'humain lignage.
> Sans le tenir de vos traits ni de vous,
> Sans vous en rendre aucun hommage.
> Il naîtra de leur mariage
> Un autre Cupidon, qui d'un de ses regards
> Fera plus mille fois que vous avec vos dards.

> Prenez-y garde ; il vous y faut songer :
> Rendez-la malheureuse ; et que cette cadette

Malgré les siens épouse un étranger
                Qui ne sache où trouver retraite,
                Qui soit laid et qui la maltraite,
        La fasse consumer en regrets superflus,
        Tant que ni vous ni moi nous ne la craignions plus.

Ces extrémités où s'emporta la déesse marquent merveilleusement bien le naturel et l'esprit des femmes ; rarement se pardonnent-elles l'avantage de la beauté : et je dirai en passant que l'offense la plus irrémissible parmi ce sexe, c'est quand l'une d'elles en défait une autre en pleine assemblée ; cela se venge ordinairement comme les assassinats et les trahisons.

Pour revenir à Vénus, son fils lui promit qu'il la vengeroit. Sur cette assurance elle s'en alla à Cythere en équipage de triomphante. Au lieu de passer par les airs, et de se servir de son char et de ses pigeons, elle entra dans une conque de nacre attelée de deux dauphins. La cour de Neptune l'accompagna. Ceci est proprement matiere de poésie : il ne siéroit guere bien à la prose de décrire une cavalcade de dieux marins : d'ailleurs je ne pense pas qu'on pût exprimer avec le langage ordinaire ce que la déesse parut alors.

        C'est pourquoi nous dirons en langage rimé
        Que l'empire flottant en demeura charmé.
        Cent Tritons la suivant jusqu'au port de Cythere
        Par leurs divers emplois s'efforcent de lui plaire.

L'un nage à l'entour d'elle ; et l'autre au fond des eaux
Lui cherche du corail et des trésors nouveaux :
L'un lui tient un miroir fait de crystal de roche ;
Aux rayons du soleil l'autre en défend l'approche.
Palémon qui la guide évite les rochers :
Glauque de son cornet fait retentir les mers :
Thétis lui fait ouïr un concert de Sirenes :
Tous les Vents attentifs retiennent leurs haleines :
Le seul Zéphyre est libre, et d'un souffle amoureux
Il caresse Vénus, se joue à ses cheveux ;
Contre ses vêtements par fois il se courrouce.
L'onde pour la toucher à longs flots s'entrepousse ;
Et d'une égale ardeur chaque flot à son tour
S'en vient baiser les pieds de la mere d'Amour.

Cela devoit être beau, dit Gélaste ; mais j'aimerois mieux
avoir vu votre déesse au milieu d'un bois, habillée comme
elle étoit quand elle plaida sa cause devant un berger. Chacun sourit de ce qu'avoit dit Gélaste ; puis Polyphile continua en ces termes :

A peine Vénus eut fait un mois de séjour à Cythere,
qu'elle sut que les sœurs de son ennemie étoient mariées; que
leurs maris, qui étoient deux rois leurs voisins, les traitoient
avec beaucoup de douceur et de témoignages d'affection;
enfin qu'elles avoient sujet de se croire heureuses. Quant à
leur cadette, il ne lui étoit resté pas un seul amant, elle qui
en avoit eu une telle foule que l'on en savoit à peine le
nombre. Ils s'étoient retirés comme par miracle ; soit que ce

On part enfin, & Psiché se met en chemin, sous la conduite
de ses parents.

V.e a Vérieron sc   Imp Geny-Gros   Th Belin exc

fût le vouloir des dieux, soit par une vengeance particuliere
de Cupidon. On avoit encore de la vénération, du respect,
de l'admiration pour elle, si vous voulez; mais on n'avoit
plus de ce qu'on appelle amour : cependant c'est la véritable
pierre de touche à quoi l'on juge ordinairement des charmes
de ce beau sexe.

Cette solitude de soupirants près d'une personne du mérite de Psyché fut regardée comme un prodige, et fit craindre
aux peuples de la Grece qu'il ne leur arrivât quelque chose
de fort sinistre. En effet il y avoit de quoi s'étonner : de tout
temps l'empire de Cupidon aussi bien que celui des flots a été
sujet à des changements; mais jamais il n'en étoit arrivé de
semblable, au moins n'y en avoit-il point d'exemples dans
ces pays. Si Psyché n'eût été que belle, on ne l'eût pas trouvé
si étrange; mais, comme j'ai dit, outre la beauté qu'elle possédoit en un souverain degré de perfection, il ne lui manquoit aucune des graces nécessaires pour se faire aimer : on
lui voyoit un million d'amours, et pas un amant.

Après que chacun eut bien raisonné sur ce miracle, Vénus déclara qu'elle en étoit cause; qu'elle s'étoit ainsi vengée
par le moyen de son fils; que les parents de Psyché n'avoient
qu'à se préparer à d'autres malheurs, parceque son indignation dureroit autant que la vie, ou du moins autant que la
beauté de leur fille; qu'ils auroient beau s'humilier devant
ses autels, et que les sacrifices qu'ils lui feroient seroient
inutiles, à moins que de lui sacrifier Psyché même.

3

C'est ce qu'on n'étoit pas résolu de faire : loin de cela, quelques personnes dirent à la belle que la jalousie de Vénus lui étoit un témoignage bien glorieux, et que ce n'étoit pas être trop malheureuse que de donner de l'envie à une déesse, et à une déesse telle que celle-là.

Psyché eût voulu que ces fleurettes lui eussent été dites par un amant. Bien que sa fierté l'empêchât de témoigner aucun déplaisir, elle ne laissoit pas de verser des pleurs en secret. Qu'ai-je fait au fils de Vénus? disoit-elle souvent en soi-même; et que lui ont fait mes sœurs, qui sont si contentes? Elles ont eu des amants de reste; moi qui croyois être la plus aimable, je n'en ai plus. De quoi me sert ma beauté? Les dieux en me la donnant ne m'ont pas fait un si grand présent que l'on s'imagine : je leur en rends la meilleure part; qu'ils me laissent au moins un amant : il n'y a fille si misérable qui n'en ait un : la seule Psyché ne sauroit rendre personne heureux; les cœurs que le hasard lui a donnés, son peu de mérite les lui fait perdre. Comment me puis-je montrer après cet affront? Va, Psyché, va te cacher au fond de quelque désert; les dieux ne t'ont point faite pour être vue, puisqu'ils ne t'ont pas faite pour être aimée.

Tandis qu'elle se plaignoit ainsi, ses parents ne s'affligeoient pas moins de leur part; et ne pouvant se résoudre à la laisser sans mari, ils furent contraints de recourir à l'oracle. Voici la réponse qui leur fut faite, avec la glose que les prêtres y ajouterent.

L'époux que les Destins gardent à votre fille
Est un monstre cruel qui déchire les cœurs,
Qui trouble maint état, détruit mainte famille,
Se nourrit de soupirs, se baigne dans les pleurs.

A l'univers entier il déclare la guerre,
Courant de bout en bout un flambeau dans la main :
On le craint dans les cieux, on le craint sur la terre,
Le Styx n'a pu borner son pouvoir souverain.

C'est un empoisonneur, c'est un incendiaire,
Un tyran qui de fers charge jeunes et vieux.
Qu'on lui livre Psyché : qu'elle tâche à lui plaire :
Tel est l'arrêt du Sort, de l'Amour, et des Dieux.

Menez-la sur un roc, au haut d'une montagne,
En des lieux où l'attend le monstre son époux.
Qu'une pompe funebre en ces lieux l'accompagne,
Car elle doit mourir pour ses sœurs et pour vous.

Je laisse à juger l'étonnement et l'affliction que cette
réponse causa. Livrer Psyché aux désirs d'un monstre! y
avoit-il de la justice à cela? Aussi les parents de la Belle
douterent long-temps s'ils obéiroient. D'ailleurs le lieu où
il la falloit conduire n'avoit point été spécifié par l'oracle.
De quel mont les dieux vouloient-ils parler? Étoit-il voisin
de la Grece ou de la Scythie? Étoit-il situé sous l'Ourse ou
dans les climats brûlants de l'Afrique? car on dit que dans

cette terre il y a de toutes sortes de monstres. Le moyen
de se résoudre à laisser une beauté délicate sur un rocher,
entre des montagnes et des précipices, à la merci de tout
ce qu'il y a de plus épouvantable dans la nature? Enfin
comment rencontrer cet endroit fatal?

C'est ainsi que les bonnes gens cherchoient des raisons
pour garder leur fille : mais elle-même leur représenta la
nécessité de suivre l'oracle.

Je dois mourir, dit-elle à son pere; et il n'est pas juste
qu'une simple mortelle comme je suis entre en parallele avec
la mere de Cupidon. Que gagneriez-vous à lui résister? Votre
désobéissance nous attireroit une peine encore plus grande.
Quelle que puisse être mon aventure, j'aurai lieu de me
consoler quand je ne vous serai plus un sujet de larmes.
Défaites-vous de cette Psyché sans qui votre vieillesse seroit
heureuse : souffrez que le ciel punisse une ingrate pour qui
vous n'avez eu que trop de tendresse, et qui vous récompense
si mal des inquiétudes et des soins que son enfance vous a
donnés.

Tandis que Psyché parloit à son pere de cette sorte, le
vieillard la regardoit en pleurant, et ne lui répondoit que
par des soupirs. Mais ce n'étoit rien en comparaison du
désespoir où étoit la mere. Quelquefois elle couroit par les
temples tout échevelée : d'autres fois elle s'emportoit en
blasphêmes contre Vénus; puis, tenant sa fille embrassée,
protestoit de mourir plutôt que de souffrir qu'on la lui

La voilà sur un char d'ébène &...

ôtât pour l'abandonner à un monstre. Il fallut pourtant
obéir.

En ce temps-là les oracles étoient maîtres de toutes
choses; on couroit au devant de son malheur propre, de
crainte qu'ils ne fussent trouvés menteurs : tant la supersti-
tion avoit de pouvoir sur les premiers hommes! La difficulté
n'étoit donc plus que de savoir sur quelle montagne il falloit
conduire Psyché.

L'infortunée fille éclaircit encore ce doute. Qu'on me
mette, dit-elle, sur un chariot sans cocher ni guide, et qu'on
laisse aller les chevaux à leur fantaisie; le sort les guidera
infailliblement au lieu ordonné.

Je ne veux pas dire que cette Belle, trouvant à tout des
expédients, fût de l'humeur de beaucoup de filles, qui aiment
mieux avoir un méchant mari que de n'en point avoir du
tout. Il y a de l'apparence que le désespoir plutôt qu'autre
chose lui faisoit chercher ces facilités.

Quoi que ce soit, on se résout à partir. On fait dresser
un appareil de pompe funebre pour satisfaire à chaque point
de l'oracle. On part enfin; et Psyché se met en chemin sous
la conduite de ses parents. La voilà sur un char d'ébene,
une urne auprès d'elle, la tête penchée sur sa mere; son
pere marchant à côté du char, et faisant autant de soupirs
qu'il faisoit de pas; force gens à la suite vêtus de deuil;
force ministres de funérailles; force sacrificateurs portant de
longs vases et de longs cornets dont ils entonnoient des sons

fort lugubres. Les peuples voisins, étonnés de la nouveauté
d'un tel appareil, ne savoient que conjecturer. Ceux chez qui
le convoi passoit l'accompagnoient par honneur jusqu'aux
limites de leur territoire, chantant des hymnes à la louange
de Psyché leur jeune déesse, et jonchant de roses tout le
chemin, bien que les maîtres de cérémonies leur criassent
que c'étoit offenser Vénus : mais quoi! les bonnes gens ne
pouvoient retenir leur zele.

Après une traite de plusieurs jours, lorsque l'on commençoit à douter de la vérité de l'oracle, on fut étonné
qu'en côtoyant une montagne fort élevée, les chevaux, bien
qu'ils fussent frais et nouveaux repus, s'arrêterent court, et
quoi qu'on pût faire, ils ne voulurent point passer outre. Ce
fut là que se renouvelerent les cris; car on jugea bien que
c'étoit le mont qu'entendoit l'oracle.

Psyché descendit du char, et s'étant mise entre l'un et
l'autre de ses parents, suivie de la troupe, elle passa dans
un bois assez agréable, mais qui n'étoit pas de longue étendue. A peine eurent-ils fait quelque mille pas, toujours en
montant, qu'ils se trouverent entre des rochers habités par
des dragons de toutes especes. A ces hôtes près, le lieu se
pouvoit bien dire une solitude, et la plus effroyable qu'on
pût trouver. Pas un seul arbre, pas un brin d'herbe, point
d'autre couvert que ces rocs, dont quelques uns avoient des
pointes qui avançoient en forme de voûte, et qui, ne tenant presque à rien, faisoient appréhender à nos voyageurs

qu'elles ne tombassent sur eux : d'autres se trouvoient creusés en beaucoup d'endroits par la chûte des torrents ; ceux-ci servoient de retraite aux hydres, animal fort familier en cette contrée.

Chacun demeura si surpris d'horreur, que, sans la nécessité d'obéir au Sort, on s'en fût retourné tout court. Il fallut donc gagner le sommet malgré qu'on en eût. Plus on alloit en avant, plus le chemin étoit escarpé. Enfin, après beaucoup de détours, on se trouva au pied d'un rocher d'énorme grandeur, lequel étoit au faîte de la montagne, et où l'on jugea qu'il falloit laisser l'infortunée fille.

De représenter à quel point l'affliction se trouva montée, c'est ce qui surpasse mes forces :

L'éloquence elle-même, impuissante à le dire,
Confesse que ceci n'est point de son empire.
C'est au silence seul d'exprimer les adieux
Des parents de la Belle au partir de ces lieux.
Je ne décrirai point, ni leur douleur amere,
Ni les pleurs de Psyché, ni les cris de sa mere,
Qui, du fond des rochers renvoyés dans les airs,
Firent de bout en bout retentir ces déserts.
Elle plaint de son sang la cruelle aventure,
Implore le soleil, les astres, la nature,
Croit fléchir par ses cris les auteurs du destin.
Il lui faut arracher sa fille de son sein :
Après mille sanglots enfin on les sépare.
Le Soleil, las de voir ce spectacle barbare,

Précipite sa course, et, passant sous les eaux,
Va porter la clarté chez des peuples nouveaux :
L'horreur de ces déserts s'accroît par son absence.
La Nuit vient sur un char conduit par le silence :
Il amène avec lui la crainte en l'univers.

La part qu'en eut Psyché ne fut pas des moindres. Représentez-vous une fille qu'on a laissée seule en des déserts effroyables, et pendant la nuit. Il n'y a point de conte d'apparition et d'esprits qui ne lui revienne dans la mémoire. A peine ose-t-elle ouvrir la bouche afin de se plaindre.

En cet état, et mourant presque d'appréhension, elle se sentit enlever dans l'air. D'abord elle se tint pour perdue, et crut qu'un démon l'alloit emporter en des lieux d'où jamais on ne la verroit revenir. Cependant c'étoit le Zéphyre, qui incontinent la tira de peine, et lui dit l'ordre qu'il avoit de l'enlever de la sorte et de la mener à cet époux dont parloit l'oracle, et au service duquel il étoit. Psyché se laissa flatter à ce que lui dit le Zéphyre; car c'est un dieu des plus agréables. Ce ministre aussi fidele que diligent des volontés de son maître la porta au haut du rocher. Après qu'il lui eut fait traverser les airs avec un plaisir qu'elle auroit mieux goûté dans un autre temps, elle se trouva dans la cour d'un palais superbe. Notre héroïne, qui commençoit à s'accoutumer aux aventures extraordinaires, eut bien l'assurance de contempler ce palais à la clarté des flambeaux qui l'environnoient; toutes les fenêtres en étoient bordées : le fir-

Tandis que Psiché confideroit ces merveilles une troupe de nimphes
la vint recevoir jusque par de la le perron

mament, qui est la demeure des dieux, ne parut jamais si
bien éclairé.

Tandis que Psyché consideroit ces merveilles, une troupe
de Nymphes la vint recevoir jusque par-delà le perron; et
après une inclination très profonde, la plus apparente lui fit
une espece de compliment, à quoi la Belle ne s'étoit nullement attendue. Elle s'en tira pourtant assez bien. La premiere chose fut de s'enquérir du nom de celui à qui appar-
tenoient des lieux si charmants, et il est à croire qu'elle
demanda de le voir. On ne lui répondit là-dessus que con-
fusément : puis ces Nymphes la conduisirent en un vestibule d'où l'on pouvoit découvrir, d'un côté, les cours, et
de l'autre côté, les jardins. Psyché le trouva proportionné
à la richesse de l'édifice. De ce vestibule on la fit passer
en des salles que la magnificence elle-même avoit pris la
peine d'orner, et dont la derniere enchérissoit toujours sur
la précédente. Enfin cette Belle entra dans un cabinet où on
lui avoit préparé un bain. Aussitôt ces Nymphes se mirent
en devoir de la déshabiller et de la servir. Elle fit d'abord
quelque résistance, et puis leur abandonna toute sa personne. Au sortir du bain on la revêtit d'habits nuptiaux : je
laisse à penser quels ils pouvoient être, et si l'on y avoit
épargné les diamants et les pierreries : il est vrai que c'étoit
ouvrage de Fée, lequel d'ordinaire ne coûte rien. Ce ne fut
pas une petite joie pour Psyché de se voir si brave, et de
se regarder dans les miroirs dont le cabinet étoit plein.

Cependant on avoit mis le couvert dans la salle la plus prochaine. Il y fut servi de l'ambrosie en toutes les sortes : quant au nectar, les Amours en furent les échansons. Psyché mangea peu. Après le repas, une musique de luths et de voix se fit entendre à l'un des coins du plafond, sans qu'on vît ni chantres ni instruments ; musique aussi douce et aussi charmante que si Orphée et Amphion en eussent été les conducteurs. Parmi les airs qui furent chantés, il y en eut un qui plut particulièrement à Psyché. Je vais vous en dire les paroles, que j'ai mises en notre langue au mieux que j'ai pu.

> Tout l'univers obéit à l'Amour ;
> Belle Psyché, soumettez-lui votre ame.
> Les autres Dieux à ce Dieu font la cour,
> Et leur pouvoir est moins doux que sa flamme.
> Des jeunes cœurs c'est le suprême bien :
> Aimez, aimez ; tout le reste n'est rien.
> Sans cet amour, tant d'objets ravissants,
> Lambris dorés, bois, jardins et fontaines,
> N'ont point d'appas qui ne soient languissants,
> Et leurs plaisirs sont moins doux que ses peines.
> Des jeunes cœurs c'est le suprême bien :
> Aimez, aimez ; tout le reste n'est rien.

Dès que la musique eut cessé, on dit à Psyché qu'il étoit temps de se reposer. Il lui prit alors une petite inquiétude accompagnée de crainte, et telle que les filles l'ont d'ordi-

naire le jour de leurs noces sans savoir pourquoi. La Belle
fit toutefois ce que l'on voulut. On la met au lit, et on se
retire. Un moment après, celui qui en devoit être le posses-
seur arriva et s'approcha d'elle. On n'a jamais su ce qu'ils
se dirent, ni même d'autres circonstances bien plus impor-
tantes que celle-là : seulement a-t-on remarqué que le lendemain les Nymphes rioient entre elles, et que Psyché rou-
gissoit en les voyant rire. La Belle ne s'en mit pas fort en
peine, et n'en parut pas plus triste qu'à l'ordinaire.

Pour revenir à la première nuit de ses noces, la seule
chose qui l'embarrassoit étoit que son mari l'avoit quittée
devant qu'il fût jour, et lui avoit dit que, pour beaucoup de
raisons, il ne vouloit pas être connu d'elle, et qu'il la prioit
de renoncer à la curiosité de le voir. Ce fut ce qui lui en
donna davantage. Quelles peuvent être ces raisons? disoit en
soi-même la jeune épouse; et pourquoi se cache-t-il avec
tant de soin? Assurément l'oracle nous a dit vrai quand il
nous l'a peint comme quelque chose de fort terrible : si
est-ce qu'au toucher et au son de voix il ne m'a semblé
nullement que ce fût un monstre. Toutefois les dieux ne
sont pas menteurs; il faut que mon mari ait quelque défaut remarquable : si cela étoit, je serois bien malheureuse !
Ces réflexions tempérèrent pour quelques moments la joie
de Psyché. Enfin elle trouva à propos de n'y plus penser,
et de ne point corrompre elle-même les douceurs de son
mariage.

Dès que son époux l'eut quittée, elle tira les rideaux :
à peine le jour commençoit à poindre. En l'attendant,
notre héroïne se mit à rêver à ses aventures, particulière-
ment à celles de cette nuit. Ce n'étoient pas véritablement
les plus étranges qu'elle eût courues ; mais elle en revenoit
toujours à ce mari qui ne vouloit point être vu. Psyché
s'enfonça si avant en ses rêveries, qu'elle en oublia ses
ennuis passés, les frayeurs du jour précédent, les adieux
de ses parents, et ses parents mêmes ; et là-dessus elle s'en-
dormit. Aussitôt le songe lui représente son mari sous la
forme d'un jouvenceau de quinze à seize ans, beau comme
l'Amour, et qui avoit toute l'apparence d'un dieu. Transportée de joie, la Belle l'embrasse ; il veut s'échapper, elle
crie : mais personne n'accourt au bruit. Qui que vous
soyez, dit-elle, et vous ne sauriez être qu'un dieu, je vous
tiens, ô charmant époux, et je vous verrai tant qu'il me
plaira. L'émotion l'ayant éveillée, il ne lui demeura que
le souvenir d'une illusion agréable ; et au lieu d'un jeune
mari la pauvre Psyché ne voyant en cette chambre que
des dorures, ce qui n'étoit pas ce qu'elle cherchoit, ses
inquiétudes recommencerent. Le sommeil eut encore une
fois pitié d'elle ; il la replongea dans les charmes de ses
pavots : et la Belle acheva ainsi la premiere nuit de ses
noces.

Comme il étoit déja tard, les Nymphes entrerent, et la
trouverent encore tout endormie. Pas une ne lui en demanda

la raison, ni comment elle avoit passé la nuit, mais bien si elle se vouloit lever, et de quelle façon il lui plaisoit qu'on l'habillàt. En disant cela on lui montre cent sortes d'habits, la plupart très riches. Elle choisit le plus simple, se lève, se fait habiller avec précipitation, et témoigne aux Nymphes une impatience de voir les raretés de ce beau séjour. On la mene donc en toutes les chambres : il n'y a point de cabinet ni d'arriere-cabinet qu'elle ne visite, et où elle ne trouve un nouveau sujet d'admiration. De là elle passe sur les balcons, et de ces balcons les Nymphes lui font remarquer l'architecture de l'édifice, autant qu'une fille est capable de la concevoir. Elle se souvient qu'elle n'a pas assez regardé de certaines tapisseries : elle rentre donc comme une jeune personne qui voudroit tout voir à-la-fois, et qui ne sait à quoi s'attacher. Les Nymphes avoient assez de peine à la suivre, l'avidité de ses yeux la faisant courir sans cesse de chambre en chambre, et considérer à la hâte les merveilles de ce palais, où, par un enchantement prophétique, ce qui n'étoit pas encore et ce qui ne devoit jamais être se rencontroit.

On fit ses murs d'un marbre aussi blanc que l'albâtre :
Les dedans sont ornés d'un porphyre luisant.
Ces ordres dont les Grecs nous ont fait un présent,
Le dorique sans fard, l'élégant ionique,
Et le corinthien superbe et magnifique,
L'un sur l'autre placés, élevent jusqu'aux cieux

Ce pompeux édifice où tout charme les yeux.
Pour servir d'ornement à ses divers étages,
L'architecte y posa les vivantes images
De ces objets divins, Cléopatre, Phrynés,
Par qui sont les héros en triomphe menés.
Ces fameuses beautés dont la Grece se vante,
Celles que le Parnasse en ses fables nous chante,
Ou de qui nos romans font de si beaux portraits,
A l'envi sur le marbre étaloient leurs attraits.
L'enchanteresse Armide, héroïne du Tasse,
A côté d'Angélique avoit trouvé sa place.
On y voyoit sur-tout Hélene au cœur léger,
Qui causa tant de maux pour un prince berger.
Psyché dans le milieu voit aussi sa statue,
De ces reines des cœurs pour reine reconnue.
La Belle à cet aspect s'applaudit en secret,
Et n'en peut détacher ses beaux yeux qu'à regret.
Mais on lui montre encor d'autres marques de gloire :
Là ses traits sont de marbre, ailleurs ils sont d'ivoire :
Les disciples d'Arachne, à l'envi des pinceaux,
En ont aussi formé de différents tableaux :
Dans l'un on voit les Ris divertir cette Belle;
Dans l'autre les Amours dansent à l'entour d'elle;
Et sur cette autre toile Euphrosine et ses sœurs
Ornent ses blonds cheveux de guirlandes de fleurs.
Enfin, soit aux couleurs, ou bien dans la sculpture,
Psyché dans mille endroits rencontre sa figure;
Sans parler des miroirs et du crystal des eaux,
Que ses traits imprimés font paroître plus beaux.

Les endroits où la Belle s'arrêta le plus ce furent les
galeries. Là les raretés, les tableaux, les bustes, non de la
main des Apelles et des Phidias, mais de la main même des
Fées, qui ont été les maîtresses de ces grands hommes,
composoient un amas d'objets qui éblouissoit la vue, et qui
ne laissoit pas de lui plaire, de la charmer, de lui causer
des ravissements, des extases; en sorte que Psyché, passant
d'une extrémité en une autre, demeura long-temps immobile, et parut la plus belle statue de ces lieux.

Des galeries elle repasse encore dans les chambres, afin
d'en considérer les richesses, les précieux meubles, les tapisseries de toutes les sortes, et d'autres ouvrages conduits
par la fille de Jupiter. Sur-tout on voyoit une grande variété
dans ces choses et dans l'ordonnance de chaque chambre :
colonnes de porphyre aux alcoves, (ne vous étonnez pas
de ce mot d'alcove; c'est une invention moderne, je vous
l'avoue, mais ne pouvoit-elle pas être dès-lors en l'esprit
des Fées? et ne seroit-ce point de quelque description de ce
palais que les Espagnols, les Arabes, si vous voulez, l'auroient prise?) les chapiteaux de ces colonnes étoient d'airain
de Corinthe pour la plupart. Ajoutez à cela les balustres
d'or. Quant aux lits, ou c'étoit broderie de perles, ou c'étoit
un travail si beau que l'étoffe n'en devoit pas être consi-
dérée. Je n'oublierai pas, comme on peut penser, les cabi-
nets et les tables de pierreries; vases singuliers et par leur
matière et par l'artifice de leur gravure; enfin de quoi sur-

passer en prix l'univers entier. Si j'entreprenois de décrire seulement la quatrieme partie de ces merveilles, je me rendrois sans doute importun ; car à la fin on s'ennuie de tout, et des belles choses comme du reste.

Je me contenterai donc de parler d'une tapisserie relevée d'or, laquelle on fit remarquer principalement à Psyché, non tant pour l'ouvrage, quoiqu'il fût rare, que pour le sujet. La tenture étoit composée de six pieces.

> Dans la premiere on voyoit un chaos,
> Masse confuse, et de qui l'assemblage
> Faisoit lutter contre l'orgueil des flots
> Des tourbillons d'une flamme volage.

> Non loin de là, dans un même monceau,
> L'air gémissoit sous le poids de la terre :
> Ainsi le feu, l'air, la terre, avec l'eau,
> Entretenoient une cruelle guerre.

> Que fait l'Amour ? volant de bout en bout,
> Ce jeune enfant, sans beaucoup de mystere,
> En badinant vous débrouille le tout
> Mille fois mieux qu'un sage n'eût su faire.

> Dans la seconde un Cyclope amoureux,
> Pour plaire aux yeux d'une Nymphe jolie,
> Se démêloit la barbe et les cheveux ;
> Ce qu'il n'avoit encor fait de sa vie.

Borel

Au sortir du bain on la revêtit d'habits nuptiaux

En se moquant la Nymphe s'enfuyoit.
Amour l'atteint; et l'on voyoit la Belle
Qui, dans un bois, le Cyclope prioit
Qu'il l'excusât d'avoir été rebelle.

Dans la troisieme, Cupidon paroissoit assis sur un char tiré par des tigres. Derriere ce char un petit Amour menoit en laisse quatre grands dieux, Jupiter, Hercule, Mars, et Pluton; tandis que d'autres enfants les chassoient, et les faisoient marcher à leur fantaisie. La quatrieme et la cinquieme représentoient en d'autres manieres la puissance de Cupidon. Et dans la sixieme ce dieu, quoiqu'il eût sujet d'être fier des dépouilles de l'univers, s'inclinoit devant une personne de taille parfaitement belle, et qui témoignoit à son air une très grande jeunesse. C'est tout ce qu'on en pouvoit juger; car on ne lui voyoit point le visage, et elle avoit alors la tête tournée, comme si elle eût voulu se débarrasser d'un nombre infini d'Amours qui l'environnoient. L'ouvrier avoit peint le dieu dans un grand respect; tandis que les Jeux et les Ris, qu'il avoit amenés à sa suite, se moquoient de lui en cachette, et se faisoient signe du doigt que leur maître étoit attrapé. Les bordures de cette tapisserie étoient toutes pleines d'enfants qui se jouoient avec des massues, des foudres, et des tridents; et l'on voyoit en beaucoup d'endroits pendre pour trophées force bracelets et autres ornements de femmes.

Parmi cette diversité d'objets, rien ne plut tant à la

Belle que de rencontrer par-tout son portrait, ou bien sa statue, ou quelque autre ouvrage de cette nature. Il sembloit que ce palais fût un temple, et Psyché la déesse à qui il étoit consacré.

Mais de peur que le même objet se présentant si souvent à elle ne lui devînt ennuyeux, les Fées l'avoient diversifié, comme vous savez que leur imagination est féconde. Dans une chambre elle étoit représentée en amazone; dans une autre en Nymphe, en bergere, en chasseresse, en Grecque, en Persane, en mille façons différentes et si agréables, que cette Belle eut la curiosité de les éprouver, un jour l'une, un autre jour l'autre, plus par divertissement et par jeu que pour en tirer aucun avantage, sa beauté se soutenant assez d'elle-même. Cela se passoit toujours avec beaucoup de satisfaction de sa part, force louanges de la part des Nymphes, un plaisir extrême de la part du monstre, c'est-à-dire de son époux, qui avoit mille moyens de la contempler sans qu'il se montrât. Psyché se fit donc impératrice, simple bergere, ce qu'il lui plut. Ce ne fut pas sans que les Nymphes lui dissent qu'elle étoit belle en toutes sortes d'habits, et sans qu'elle-même se le dît aussi. Ah! si mon mari me voyoit parée de la sorte! s'écrioit-elle souvent étant seule. En ce moment-là son mari la voyoit peut-être de quelque endroit d'où il ne pouvoit être vu; et outre le plaisir de la voir, il avoit celui d'apprendre ses plus secretes pensées, et de lui entendre faire un souhait où l'amour avoit pour le moins autant de part que la bonne opinion de soi-même. Enfin il ne se passa presque point de jour que Psyché ne changeât d'ajustement.

Changer d'ajustement tous les jours ! s'écria Acante ; je ne voudrois point d'autre paradis pour nos dames. On avoua qu'il avoit raison, et il n'y en eut pas un dans la compagnie qui ne souhaitât un pareil bonheur à quelque femme de sa connoissance. Cette réflexion étant faite, Polyphile reprit ainsi :

Notre héroïne passa presque tout ce premier jour à voir le logis : sur le soir elle s'alla promener dans les cours et dans les jardins, d'où elle considéra quelque temps les diverses faces de l'édifice, sa majesté, ses enrichissements et ses graces, la proportion, le bel ordre et la correspondance de ses parties. Je vous en ferois la description si j'étois plus savant dans l'architecture que je ne suis. A ce défaut, vous aurez recours au palais d'Apollidon, ou bien à celui d'Armide ; ce m'est tout un. Quant aux jardins, voyez ceux de Falerine ; ils vous pourront donner quelque idée des lieux que j'ai à décrire.

> Assemblez, sans aller si loin,
> Vaux, Liancourt, et leurs Naïades ;
> Y joignant en cas de besoin
> Ruel avecque ses cascades.

Cela fait, de tous les côtés
Placez en ces lieux enchantés
Force jets affrontant la nue.
Des canaux à perte de vue :
Bordez-les d'orangers, de myrtes, de jasmins,
Qui soient aussi géants que les nôtres sont nains :
Entassez-en des pépinieres ;
Plantez-en des forêts entieres ;
Des forêts où chante en tout temps
Philomele, honneur des bocages,
De qui le regne en nos ombrages
Naît et meurt avec le printemps.
Mêlez-y les sons éclatants
De tout ce que les bois ont d'agréables chantres.
Chassez de ces forêts les sinistres oiseaux :
Que les fleurs bordent leurs ruisseaux :
Que l'Amour habite leurs antres.
N'y laissez entrer toutefois
Aucune hôtesse de ces bois
Qu'avec un paisible Zéphyre,
Et jamais avec un Satyre.
Point de tels amants dans ces lieux ;
Psyché s'en tiendroit offensée ;
Ne les offrez point à ses yeux,
Et moins encore à sa pensée.
Qu'en ce canton délicieux
Flore et Pomone à qui mieux mieux
Fassent montre de leurs richesses ;
Et que ce couple de déesses

Y renouvelle ses présents
Quatre fois au moins tous les ans.
Que tout y naisse sans culture.
Toujours fraîcheur, toujours verdure,
Toujours l'haleine et les soupirs
D'une brigade de zéphyrs.

Psyché ne se promenoit au commencement que dans les jardins, n'osant se fier aux bois; bien qu'on l'assurât qu'elle n'y rencontreroit que les Dryades, et pas un seul Faune. Avec le temps elle devint plus hardie.

Un jour que la beauté d'un ruisseau l'avoit attirée, elle se laissa conduire insensiblement aux replis de l'onde. Après bien des tours elle parvint à sa source. C'étoit une grotte assez spacieuse, où, dans un bassin taillé par les seules mains de la nature, couloit le long d'un rocher une eau argentée, et qui par son bruit invitoit à un doux sommeil.

Psyché ne se put tenir d'entrer dans la grotte. Comme elle en visitoit les recoins, la clarté, qui alloit toujours en diminuant, lui faillit enfin tout-à-coup. Il y avoit certainement de quoi avoir peur; mais elle n'en eut pas le loisir : une voix qui lui étoit familiere l'assura d'abord; c'étoit celle de son époux. Il s'approcha d'elle, la fit asseoir sur un siege couvert de mousse, se mit à ses pieds, et après lui avoir baisé la main, il lui dit en soupirant : Faut-il que je doive à la beauté d'un ruisseau une si agréable rencontre? pourquoi n'est-ce pas à l'amour? Ah! Psyché! Psyché! je vois

bien que cette passion et vos jeunes ans n'ont encore guere
de commerce ensemble. Si vous aimiez, vous chercheriez le
silence et la solitude avec plus de soin que vous ne les évitez
maintenant; vous chercheriez les antres sauvages, et auriez
bientôt appris que de tous les lieux où on sacrifie au dieu
des amants, ceux qui lui plaisent le plus ce sont ceux où on
peut lui sacrifier en secret : mais vous n'aimez point.

Que voulez-vous que j'aime? répondit Psyché. Un mari,
dit-il, que vous vous figurerez à votre mode, et à qui vous
donnerez telle sorte de beauté qu'il vous plaira.

Oui : mais, repartit la Belle, je ne me rencontrerai
peut-être pas avec la nature; car il y a bien de la fantaisie
en cela. J'ai oui dire que non seulement chaque nation avoit
son goût, mais chaque personne aussi. Une Amazone se
proposeroit un mari dont les graces feroient trembler, un
mari ressemblant à Mars : moi, je m'en proposerai un semblable à l'Amour. Une personne mélancolique ne manque-
roit pas de donner à ce mari un air sérieux : moi qui suis
gaie, je lui en donnerai un enjoué. Enfin je croirai vous
faire plaisir en vous attribuant une beauté délicate, et peut-
être vous ferai-je tort.

Quoi que c'en soit, dit le mari, vous n'avez pas attendu
jusqu'à présent à vous forger une image de votre époux : je
vous prie de me dire quelle elle est.

Vous avez dans mon esprit, poursuivit la Belle, une
mine aussi douce que trompeuse; tous les traits fins; l'œil

riant et fort éveillé; de l'embonpoint et de la jeunesse, on
ne sauroit se tromper à ces deux points-là : mais je ne sais
si vous êtes Éthiopien ou Grec; et quand je me suis fait une
idée de vous la plus belle qu'il m'est possible, votre qualité de monstre vient tout gâter. C'est pourquoi le plus court
et le meilleur, selon mon avis, c'est de permettre que je
vous voie.

Son mari lui serra la main, et lui dit avec beaucoup de
douceur : C'est une chose qui ne se peut, pour des raisons
que je ne saurois même vous dire.

Je ne saurois donc vous aimer, reprit-elle assez brus-
quement. Elle en eut regret, d'autant plus qu'elle avoit dit
cela contre sa pensée. Mais quoi! la faute étoit faite. En
vain elle voulut la réparer par quelques caresses. Son mari
avoit le cœur si serré qu'il fut un temps assez long sans
pouvoir parler. Il rompit à la fin son silence par un soupir, que Psyché n'eut pas plutôt entendu qu'elle y répondit, bien qu'avec quelque sorte de défiance. Les paroles de
l'oracle lui revenoient en l'esprit. Le moyen de les accorder
avec cette douceur passionnée que son époux lui faisoit
paroître? Celui qui empoisonnoit, qui brûloit, qui faisoit
ses jeux des tortures, soupirer pour un simple mot! Cela
sembloit tout-à-fait étrange à notre héroïne : et à dire
vrai tant de tendresse en un monstre étoit une chose assez
nouvelle. Des soupirs il en vint aux pleurs, et des pleurs
aux plaintes. Tout cela plut extrèmement à la Belle : mais

comme il disoit des choses trop pitoyables, elle ne put souffrir qu'il continuât, et lui mit premièrement la main sur la
bouche, puis la bouche même; et par un baiser, bien mieux
qu'elle n'auroit fait avec toutes les paroles du monde, elle
l'assura que, tout invisible et tout monstre qu'il vouloit
être, elle ne laissoit pas de l'aimer. Ainsi se passa l'aventure
de la grotte. Il leur en arriva beaucoup de pareilles.

Notre héroïne ne perdit pas la mémoire de ce que lui
avoit dit son époux. Ses rêveries la menoient souvent jusqu'aux lieux les plus écartés de ce beau séjour, et faisoient
si bien que la nuit la surprenoit devant qu'elle pût gagner
le logis. Aussitôt son mari la venoit trouver sur un char
environné de ténèbres, et plaçant à côté de lui notre jeune
épouse, ils se promenoient au bruit des fontaines. Je laisse
à penser si les protestations, les serments, les entretiens
pleins de passion, se renouveloient, et de fois à autres aussi
les baisers; non point de mari à femme, il n'y a rien de
plus insipide, mais de maîtresse à amant, et pour ainsi dire
de gens qui n'en seroient encore qu'à l'espérance.

Quelque chose manquoit pourtant à la satisfaction de
Psyché. Vous voyez bien que j'entends parler de la fantaisie
de son mari, c'est-à-dire de cette opiniâtreté à demeurer
invisible. Toute la postérité s'en est étonnée. Pourquoi une
résolution si extravagante? Il se peut trouver des personnes
laides qui affectent de se montrer; la rencontre n'en est pas
rare : mais que ceux qui sont beaux se cachent, c'est un

Tous l'univers obeit à l'amour
Belle Psiché soumettez lui votre Ame

prodige dans la nature; et peut-être n'y avoit-il que cela
de monstrueux en la personne de notre époux. Après en
avoir cherché la raison, voici ce que j'ai trouvé dans un
manuscrit qui est venu depuis peu à ma connoissance.

Nos amants s'entretenoient à leur ordinaire; et la jeune
épouse, qui ne songeoit qu'aux moyens de voir son mari, ne
perdoit pas une seule occasion de lui en parler. De discours
en autre ils vinrent aux merveilles de ce séjour. Après que
la Belle eut fait une longue énumération des plaisirs qu'elle
y rencontroit, disoit-elle, de tous côtés, il se trouva qu'à son
compte le principal point y manquoit. Son mari ne voyoit
que trop où elle avoit dessein d'en venir; mais comme entre
amants les contestations sont quelquefois bonnes à plus
d'une chose, il voulut qu'elle s'expliquât, et lui demanda
ce que ce pouvoit être que ce point d'une si grande importance, vu qu'il avoit donné ordre aux Fées que rien ne
manquât. Je n'ai que faire des Fées pour cela, repartit la
Belle. Voulez-vous me rendre tout-à-fait heureuse? je vous
en enseignerai un moyen bien court : il ne faut... Mais je
vous l'ai dit tant de fois inutilement que je n'oserois plus
vous le dire.

Non, non, reprit le mari, n'appréhendez pas de m'être
importune : je veux bien que vous me traitiez comme on
fait les Dieux; ils prennent plaisir à se faire demander cent
fois une même chose : qui vous a dit que je ne suis pas de
leur naturel?

Notre héroïne, encouragée par ces paroles, lui repartit : Puisque vous me le permettez, je vous dirai franchement que tous vos palais, tous vos meubles, tous vos jardins, ne sauroient me récompenser d'un moment de votre présence ; et vous voulez que j'en sois tout-à-fait privée : car je ne puis appeler présence un bien où les yeux n'ont aucune part?

Quoi! je ne suis pas maintenant de corps auprès de vous? reprit le mari, et vous ne me touchez pas.

Je vous touche, repartit-elle, et sens bien que vous avez une bouche, un nez, des yeux, un visage ; tout cela proportionné comme il faut, et, selon que je m'imagine, assorti de traits qui n'ont pas leurs pareils au monde : mais, jusqu'à ce que j'en sois assurée, cette présence de corps dont vous me parlez est présence d'esprit pour moi. Présence d'esprit! repartit l'époux. Psyché l'empêcha de continuer, et lui dit en l'interrompant : Apprenez-moi du moins les raisons qui vous rendent si opiniâtre.

Je ne vous les dirai pas toutes, reprit l'époux ; mais, afin de vous contenter en quelque façon, examinez la chose en vous-même, vous serez contrainte de m'avouer qu'il est à propos pour l'un et pour l'autre de demeurer en l'état où nous nous trouvons. Premièrement, tenez-vous certaine que du moment que vous n'aurez plus rien à souhaiter vous vous ennuierez : et comment ne vous ennuieriez-vous pas? les Dieux s'ennuient bien ; ils sont contraints de se faire de

temps en temps des sujets de desir et d'inquiétude : tant il
est vrai que l'entiere satisfaction et le dégoût se tiennent la
main ! Pour ce qui me touche, je prends un plaisir extrême
à vous voir en peine; d'autant plus que votre imagination
ne se forge guere de monstres, j'entends d'images de ma
personne, qui ne soient très agréables. Et pour vous dire
une raison plus particuliere, vous ne doutez pas qu'il n'y
ait quelque chose en moi de surnaturel. Nécessairement je
suis dieu, ou je suis démon, ou bien enchanteur. Si vous
trouvez que je sois démon, vous me haïrez : et si je suis
dieu, vous cesserez de m'aimer, ou du moins vous ne m'aimerez plus avec tant d'ardeur; car il s'en faut bien qu'on
aime les dieux aussi violemment que les hommes. Quant au
troisieme; il y a des enchanteurs agréables : je puis être de
ceux-là; et possible suis-je tous les trois ensemble. Ainsi le
meilleur pour vous est l'incertitude, et qu'après la posses-
sion vous ayiez toujours de quoi desirer : c'est un secret
dont on ne s'étoit pas encore avisé. Demeurons-en là, si
vous m'en croyez; je sais ce que c'est d'amour, et le dois
savoir.

Psyché se paya de ces raisons; ou, si elle ne s'en paya,
elle fit semblant de s'en payer.

Cependant elle inventoit mille jeux pour se divertir. Les
parterres étoient dépouillés, l'herbe des prairies foulée : ce
n'étoient que danses et combats de Nymphes, qui se sépa-
roient souvent en deux troupes, et, distinguées par des

écharpes de fleurs, comme par des ordres de chevalerie, se jetoient ensuite tout ce que Flore leur présentoit; puis le parti victorieux dressoit un trophée, et dansoit autour couronné d'œillets et de roses.

D'autres fois Psyché se divertissoit à entendre un défi de rossignols, ou à voir un combat naval de cygnes, des tournois et des joûtes de poissons. Son plus grand plaisir étoit de présenter un appât à ces animaux, et après les avoir pris de les rendre à leur élément. Les Nymphes suivoient en cela son exemple. Il y avoit tous les soirs gageure à qui en prendroit davantage. La plus heureuse en sa pêche obtenoit quelque faveur de notre héroïne : la plus malheureuse étoit condamnée à quelque peine, comme de faire un bouquet ou une guirlande à chacune de ses compagnes. Ces spectacles se terminoient par le coucher du Soleil.

> Il étoit témoin de la fête,
> Paré d'un magnifique atour;
> Et, caché le reste du jour,
> Sur le soir il montroit sa tête.

Mais comment la montroit-il? environnée d'un diadème d'or et de pourpre, et avec toute la magnificence et la pompe qu'un roi des astres peut étaler.

Le logis fournissoit pareillement ses plaisirs, qui n'étoient tantôt que de simples jeux, et tantôt des divertissements plus solides. Psyché commençoit à ne plus agir en enfant.

Borel

Qui que vous foyez......vous ne fauriez être qu'un Dieu

On lui racontoit les amours des Dieux, et les changements de forme qu'a causés cette passion, source de bien et de mal. Le savoir des Fées avoit mis en tapisseries les malheurs de Troie, bien qu'ils ne fussent pas encore arrivés. Psyché se les faisoit expliquer. Mais voici un merveilleux effet de l'enchantement.

Les hommes, comme vous savez, ignoroient alors ce bel art que nous appelons comédie; il n'étoit pas même encore dans son enfance : cependant on le fit voir à la Belle dans sa plus grande perfection, et tel que Ménandre et Sophocle nous l'ont laissé. Jugez si on y épargnoit les machines, les musiques, les beaux habits, les ballets des anciens et les nôtres.

Psyché ne se contenta pas de la fable; il fallut y joindre l'histoire, et l'entretenir des diverses façons d'aimer qui sont en usage chez chaque peuple; quelles sont les beautés des Scythes, quelles celles des Indiens, et tout ce qui est contenu sur ce point dans les archives de l'univers, soit pour le passé, soit pour l'avenir, à l'exception de son aventure, qu'on lui cacha, quelque priere qu'elle fît aux Nymphes de la lui apprendre. Enfin sans qu'elle bougeât de son palais toutes les affaires qu'Amour a dans les quatre parties du monde lui passerent devant les yeux.

Que vous dirai-je davantage? on lui enseigna jusqu'aux secrets de la poésie. Cette corruptrice des cœurs acheva de gâter celui de notre héroïne, et la fit tomber dans un mal

que les médecins appellent glycomorie, qui lui pervertit
tous les sens, et la ravit comme à elle-même. Elle parloit
étant seule,

> Ainsi qu'en usent les amants
> Dans les vers et dans les romans.

Aller rêver au bord des fontaines, se plaindre aux rochers, consulter les antres sauvages, c'étoit où son mari
l'attendoit. Il n'y eut chose dans la nature qu'elle n'entretînt
de sa passion. Hélas! disoit-elle aux arbres, je ne saurois
graver sur votre écorce que mon nom seul, car je ne sais
pas celui de la personne que j'aime. Après les arbres elle
s'adressoit aux ruisseaux : ceux-ci étoient ses principaux
confidents, à cause de l'aventure que je vous ai dite. S'imaginant que leur rencontre lui étoit heureuse, il n'y en
eut pas un auquel elle ne s'arrêtât, jusqu'à espérer qu'elle
attraperoit sur leurs bords son mari dormant, et qu'après
il seroit inutile au monstre de se cacher.

Dans cette pensée elle leur disoit à-peu-près les choses
que je vais vous dire, et les leur disoit en vers aussi bien
que moi.

> Ruisseaux, enseignez-moi l'objet de mon amour;
> Guidez vers lui mes pas, vous dont l'onde est si pure.
> Ne dormiroit-il point en ce sombre séjour,
> Payant un doux tribut à votre doux murmure?

En vain pour le savoir Psyché vous fait la cour ;
En vain elle vous vient conter son aventure :
Vous n'osez déceler cet ennemi du jour,
Qui rit en quelque coin du tourment que j'endure.

Il s'envole avec l'ombre, et me laisse appeler.
Hélas ! j'use au hasard de ce mot d'envoler ;
Car je ne sais pas même encor s'il a des ailes.
J'ai beau suivre vos bords, et chercher en tous lieux :
Les antres seulement m'en disent des nouvelles ;
Et ce que je chéris n'est pas fait pour mes yeux.

Ne doutez point que ces peines dont parloit Psyché n'eussent leurs plaisirs : elle les passoit souvent sans s'appercevoir de la durée, je ne dirai pas des heures, mais des soleils : de sorte que l'on peut dire que ce qui manquoit à sa joie faisoit une partie des douceurs qu'elle goûtoit en aimant : mille fois heureuse si elle eût suivi les conseils de son époux, et qu'elle eût compris l'avantage et le bien que c'est de ne pas atteindre à la suprême félicité ! car sitôt que l'on en est là, il est force que l'on descende, la Fortune n'étant pas d'humeur à laisser reposer sa roue. Elle est femme, et Psyché l'étoit aussi, c'est-à-dire incapable de demeurer en un même état. Notre héroïne le fit bien voir par la suite.

Son mari, qui sentoit approcher ce moment fatal, ne la venoit plus visiter avec sa gaieté ordinaire. Cela fit craindre à la jeune épouse quelque refroidissement. Pour s'en éclaircir, comme nous voulons tout savoir, jusqu'aux choses qui nous déplaisent, elle dit à son époux :

D'où vient la tristesse que je remarque depuis quelque temps dans tous vos discours? Rien ne vous manque, et vous soupirez. Que feriez-vous donc si vous étiez en ma place? N'est-ce point que vous commencez à vous dégoûter? En vérité je le crains : non pas que je sois devenue moins belle; mais, comme vous dites vous-même, je suis plus vôtre que je n'étois. Seroit-il possible, après tant de cajoleries et de serments, que j'eusse perdu votre amour? Si ce malheur-là m'est arrivé, je ne veux plus vivre.

A peine eut-elle achevé ces paroles, que le monstre fit un soupir, soit qu'il fût touché des choses qu'elle avoit dites, soit qu'il eût un pressentiment de ce qui devoit arriver. Il se mit ensuite à pleurer, mais fort tendrement; puis, cédant à la douleur, il se laissa mollement aller sur le sein de la jeune épouse, qui, de son côté, pour mêler ses larmes avec celles de son mari, pencha doucement la tête; de sorte que leurs bouches se rencontrerent : et nos amants, n'ayant pas le courage de les séparer, demeurerent longtemps sans rien dire.

Toutes ces circonstances sont déduites au long dans le manuscrit dont je vous ai parlé tantôt. Il faut que je vous l'avoue, je ne lis jamais cet endroit que je ne me sente ému.

Ce n'étoient que danses & combats de Nymphes.

En effet, dit alors Gélaste, qui n'auroit pitié de ces pauvres gens? Perdre la parole! il faut croire que leurs bouches s'étoient bien malheureusement rencontrées : cela me semble tout-à-fait digne de compassion. Vous en rirez tant qu'il vous plaira, reprit Polyphile, mais pour moi je plains deux amants de qui les caresses sont mêlées de crainte et d'inquiétude. Si, dans une ville assiégée ou dans un vaisseau menacé de la tempête, deux personnes s'embrassoient ainsi, les tiendriez-vous heureuses? Oui vraiment, repartit Gélaste; car en tout ce que vous dites là le péril est encore bien éloigné. Mais, vu l'intérêt que vous prenez à la satisfaction de ces deux époux, et la pitié que vous avez d'eux, vous ne vous hâtez guere de les tirer de ce misérable état où vous les avez laissés : ils mourront si vous ne leur rendez la parole. Rendons-la leur donc, continua Polyphile.

Au sortir de cette extase, la premiere chose que fit Psyché, ce fut de passer sa main sur les yeux de son époux, afin de sentir s'ils étoient humides; car elle craignoit que ce ne fût feinte. Les ayant trouvés en bon état, et comme elle les demandoit, c'est-à-dire mouillés de larmes, elle condamna ses soupçons, et fit scrupule de démentir un témoignage de passion beaucoup plus certain que toutes les assurances de bouche, serments et autres. Cela lui fit attribuer le chagrin de son mari à quelque défaut de tempérament, ou bien à des choses qui ne la regardoient point.

Quant à elle, après tant de preuves, la puissance de ses appas lui sembla trop bien établie, et le monstre trop amoureux, pour faire qu'elle craignît aucun changement.

Lui, au contraire, auroit souhaité qu'elle appréhendât; car c'étoit l'unique moyen de la rendre sage, et de mettre un frein à sa curiosité. Il lui dit beaucoup de choses sur ce sujet, moitié sérieusement et moitié avec raillerie; à quoi Psyché repartoit fort bien : et le mari déclamoit toujours contre les femmes trop curieuses.

Que vous êtes étrange avec votre curiosité! lui dit son épouse. Est-ce vous désobliger que de souhaiter de vous voir, puisque vous dites vous-même que vous êtes si agréable? Eh bien! quand j'aurai tâché de me satisfaire, qu'en sera-t-il? Je vous quitterai, dit le mari. Et moi, je vous retiendrai, repartit la Belle. Mais si j'ai juré par le Styx? continua son époux. Qui est-il, ce Styx? dit notre héroïne. Je vous demanderois volontiers s'il est plus puissant que ce qu'on appelle beauté. Quand il le seroit, pourriez-vous souffrir que j'errasse par l'univers, et que Psyché se plaignît d'être abandonnée de son mari sur un prétexte de curiosité, et pour ne pas manquer de parole au Styx? Je ne vous puis croire si déraisonnable. Et le scandale, et la honte?

Il paroît bien que vous ne me connoissez pas, preartit l'époux, de m'alléguer le scandale et la honte : ce sont choses dont je ne me mets guere en peine. Quant à vos plaintes, qui vous écoutera? et que direz-vous? Je voudrois bien que

quelqu'un des Dieux fût si téméraire que de vous accorder
sa protection! Voyez-vous, Psyché, ceci n'est point une raillerie; je vous aime autant que l'on peut aimer, mais ne me
comptez plus pour ami dès le moment que vous m'aurez vu.
Je sais bien que vous n'en parlez que par raillerie, et non
pas avec un véritable dessein de me causer un tel déplaisir :
cependant j'ai sujet de craindre qu'on ne vous conseille de
l'entreprendre. Ce ne seront pas les Nymphes : elles n'ont
garde de me trahir, ni de vous rendre ce mauvais office :
leur qualité de demi-déesses les empêche d'être envieuses :
puis, je les tiens toutes par des engagements trop particu-
liers. Défiez-vous du dehors. Il y a déja deux personnes au
pied de ce mont qui vous viennent rendre visite. Vous et
moi nous nous passerions fort bien de ce témoignage de
bienveillance. Je les chasserois, car elles me choquent, si
le Destin, qui est maître de toutes choses, me le permet-
toit. Je ne vous nommerai point ces personnes. Elles vous
appellent de tous côtés. S'il arrive que le Destin porte
leur voix jusqu'à vous, ce que je ne saurois empêcher, ne
descendez pas, laissez-les crier, et qu'elles viennent comme
elles pourront.

Là-dessus il la quitta sans vouloir lui dire quelles personnes c'étoient, quoique la Belle promît avec grands serments de ne pas les aller trouver, et encore moins de les
croire.

Voilà Psyché fort embarrassée, comme vous voyez. Deux

curiosités à la fois! y a-t-il femme qui y résistât? Elle épuisa
sur ce dernier point tout ce qu'elle avoit de lumieres et de
conjectures. Cette visite m'étonne, disoit-elle en se promenant un peu loin des Nymphes. Ne seroient-ce point mes
parents? Hélas! mon mari est bien cruel d'envier à deux
personnes qui n'en peuvent plus la satisfaction de me voir!
Si les bonnes gens vivent encore, ils ne sauroient être fort
éloignés du dernier moment de leur course. Quelle conso-
lation pour eux, que d'apprendre combien je suis pour-
vue richement, et si avant que d'entrer dans la tombe ils
voyoient au moins un échantillon des douceurs et des avantages dont je jouis, afin d'en emporter quelque souvenir
chez les morts! Mais si ce sont eux, pourquoi mon mari se
met-il en peine? ils ne m'ont jamais inspiré que l'obéissance.
Vous verrez que ce sont mes sœurs. Il ne doit pas non plus
les appréhender : les pauvres femmes n'ont autre soin que
de contenter leurs maris. O Dieux! je serois ravie de les
mener en tous les endroits de ce beau séjour, et sur-tout de
leur faire voir la comédie et ma garde-robe. Elles doivent
avoir des enfants, si la mort ne les a privées depuis mon
départ de ces doux fruits de leur mariage : qu'elles seroient
aises de leur reporter mille menus affiquets et joyaux de
prix dont je ne tiens compte, et que les Nymphes et moi
nous foulons aux pieds, tant ce logis en est plein!

Ainsi raisonnoit Psyché, sans qu'il lui fût possible d'asseoir aucun jugement certain sur ces deux personnes : il

y avoit même des intervalles où elle croyoit que ce pouvoient être quelques uns de ses amants. Dans cette pensée,
elle disoit, quelque peu plus bas : Ne va point en prendre
l'alarme, charmant époux ; laisse-les venir ; je te les sacri-
fierai de la plus cruelle maniere dont jamais femme se soit
avisée ; et tu en auras le plaisir, fussent-ils enfants de roi.

Ces réflexions furent interrompues par le Zéphyre, qu'elle
vit venir à grands pas et fort échauffé. Il s'approcha d'elle
avec le respect ordinaire ; lui dit que ses sœurs étoient au
pied de cette montagne ; qu'elles avoient plusieurs fois tra-
versé le petit bois sans qu'il leur eût été possible de passer
outre, les dragons les arrêtant avec grand'frayeur ; qu'au
reste c'étoit pitié que de les ouir appeler ; qu'elles n'avoient
tantôt plus de voix, et que les échos n'étoient occupés qu'à
répéter le nom de Psyché. Le pauvre Zéphyre pensoit bien
faire. Son maître, qui avoit défendu aux Nymphes de donner
ce funeste avis, ne s'étoit pas souvenu de lui en parler.

Psyché le remercia agréablement, et lui dit qu'on auroit
peut-être besoin de son ministere. Il ne fut pas sitôt retiré,
que la Belle, mettant à part les menaces de son époux, ne
songea plus qu'aux moyens d'obtenir de lui que ses sœurs
seroient enlevées comme elle à la cime de ce rocher. Elle
médita une harangue pour ce sujet, ne manqua pas de s'en
servir, de bien prendre son temps, et d'entremêler le tout
de caresses. Faites votre compte qu'elle n'omit rien de ce
qui pouvoit contribuer à sa perte. Je voudrois m'être sou-

venu des termes de cette harangue; vous y trouveriez une
éloquence, non pas véritablement d'orateur, ni aussi d'une
personne qui n'auroit fait toute sa vie qu'écouter.

La Belle représenta, entre autres choses, que son bonheur seroit imparfait tant qu'il demeureroit inconnu. A quoi
bon tant d'habits superbes? il savoit très bien qu'elle avoit
de quoi s'en passer : s'il avoit cru à propos de lui en faire
un présent, ce devoit être plutôt pour la montre que pour le
besoin. Pourquoi les raretés de ce séjour, si on ne lui per-
mettoit de s'en faire honneur? car à son égard ce n'étoient
plus raretés : l'émail des parterres, celui des prés, et celui
des pierreries, commençoient à lui être égaux; leur différence ne dépendoit plus que des yeux d'autrui. Il ne falloit
pas blâmer une ambition dont elle avoit pour exemple tout
ce qu'il y a de plus grand au monde. Les rois se plaisent à
étaler leurs richesses, et à se montrer quelquefois avec l'éclat
et la gloire dont ils jouissent. Il n'est pas jusqu'à Jupiter qui
n'en fasse autant. Quant à elle, cela lui étoit interdit, bien
qu'elle en eût plus besoin qu'aucun autre : car, après les
paroles de l'oracle, quelle croyance pouvoit-on avoir de l'état
de sa fortune? point d'autre, sinon qu'elle vivoit enfermée
dans quelque repaire, où elle se nourrissoit de la proie que
lui apportoit son mari, devenue compagne des ours : pourvu
qu'encore ce même mari eût attendu jusque-là à la dévorer.
Qu'il avoit intérêt, pour son propre honneur, de détruire
cette croyance, et qu'elle lui en parloit beaucoup plus pour

lui que pour elle; quoique, à dire la vérité, il lui fût fâcheux
de passer pour un objet de pitié après avoir été un objet
d'envie. Et que savoit-elle si ses parents n'en étoient point
morts ou n'en mourroient point de douleur? Si ses sœurs
l'aimoient, pourquoi leur laisser ce déplaisir? et si elles
avoient d'autres sentiments, y avoit-il un meilleur moyen
de les punir que de les rendre témoins de sa gloire? C'est
en substance ce que dit Psyché.

Son époux lui repartit : Voilà les meilleures raisons du
monde; mais elles ne me persuaderoient pas, s'il m'étoit
libre d'y résister. Vous êtes tombée justement dans les trois
défauts qui ont le plus accoutumé de nuire aux personnes
de votre sexe; la curiosité, la vanité, et le trop d'esprit. Je
ne réponds pas à vos arguments, ils sont trop subtils : et
puisque vous voulez votre perte, et que le Destin la veut
aussi, je vais y mettre ordre et commander au Zéphyre de
vous apporter vos sœurs. Plût au Sort qu'il les laissât tomber en chemin!

Non, non, reprit Psyché quelque peu piquée, puisque
leur visite vous déplaît tant, ne vous en mettez plus en
peine : je vous aime trop pour vous vouloir obliger à ces
complaisances.

Vous m'aimez trop? repartit l'époux : vous, Psyché,
vous m'aimez trop? et comment voulez-vous que je le croie?
sachez que les vrais amants ne se soucient que de leur
amour. Que le monde parle, raisonne, croie ce qu'il vou-

dra; qu'on les plaigne, qu'on les envie; tout leur est égal, c'est-à-dire indifférent.

Psyché l'assura qu'elle étoit dans ces sentiments; mais il falloit pardonner quelque chose à sa jeunesse, outre l'amitié qu'elle avoit toujours eue pour ses sœurs : non qu'elle insistât davantage sur la liberté de les voir. En disant qu'elle ne la demandoit pas, ses caresses la demandoient, et l'obtinrent enfin. Son époux lui dit qu'elle possédât à son aise ces sœurs si chéries; qu'afin de lui en donner le loisir, il demeureroit quelques jours sans la venir voir. Et sur ce que notre héroïne lui demanda s'il trouveroit bon qu'elle les régalât de quelques présents. Non seulement elles, lui dit l'époux, mais leur famille, leur parenté. Divertissez-les comme il vous plaira; donnez-leur diamants et perles; donnez-leur tout, puisque tout vous appartient. C'est assez pour moi que vous vous gardiez de les croire. Psyché le promit, et ne le tint pas.

Le monstre partit, et quitta sa femme plus matin que de coutume; si bien qu'y ayant encore beaucoup de chemin à faire jusqu'à l'aurore, notre héroïne en acheva une partie en rêvant à la visite qu'elle étoit près de recevoir, une autre partie en dormant. Et à son lever elle fut tout étonnée que les Nymphes lui amenerent ses sœurs.

La joie de Psyché ne fut pas moindre que sa surprise : elle en donna mille marques, mille baisers, que ses sœurs reçurent au moins mal qu'il leur fut possible, et avec toute la

Je ne peux écrire que mon nom seul.......

dissimulation dont elles se trouverent capables. Déja l'envie s'étoit emparée du cœur de ces deux personnes. Comment! on les avoit fait attendre que leur sœur fût éveillée! Étoit-elle d'un autre sang? avoit-elle plus de mérite que ses aînées? leur cadette être une déesse, et elles de chétives reines! la moindre chambre de ce palais valoit dix royaumes comme ceux de leurs maris! passe encore pour des richesses; mais de la divinité, c'étoit trop. Hé quoi! les mortelles n'étoient pas dignes de la servir! on voyoit une douzaine de Nymphes à l'entour d'une toilette, à l'entour d'un brodequin; mais quel brodequin! qui valoit autant que tout ce qu'elles avoient coûté en habits depuis qu'elles étoient au monde. C'est ce qui rouloit au cœur de ces femmes, ou, pour mieux dire, de ces furies; je ne devrois plus les appeler autrement.

Cette premiere entrevue se passa pourtant comme il faut, graces à la franchise de Psyché et à la dissimulation de ses sœurs. Leur cadette ne s'habilla qu'à demi, tant il tardoit à la Belle de leur montrer sa béatitude! Elle commença par le point le plus important, c'est-à-dire par les habits, et par l'attirail que le sexe traîne après lui. Il étoit rangé dans des magasins dont à peine on voyoit le bout; vous savez que cet attirail est une chose infinie. Là se rencontroit avec abondance ce qui contribue non seulement à la propreté, mais à la délicatesse; équipage de jour et de nuit, vases et baignoires d'or ciselé; instruments du luxe: laboratoires, non pour les fards, de quoi eussent-ils servi à

PSYCHÉ.

Psyché, puisque l'usage en étoit alors inconnu? L'artifice et le mensonge ne régnoient pas comme ils font en ce siècle-ci : on n'avoit point encore vu de ces femmes qui ont trouvé le secret de devenir vieilles à vingt ans, et de paroître jeunes à soixante; et qui, moyennant trois ou quatre boîtes, l'une d'embonpoint, l'autre de fraîcheur, et la troisieme de vermillon, font subsister leurs charmes comme elles peuvent. Certainement l'Amour leur est obligé de la peine qu'elles se donnent. Les laboratoires dont il s'agit n'étoient donc que pour les parfums : il y en avoit en eaux, en essences, en poudres, en pastilles, et en mille especes dont je ne sais pas les noms, et qui n'en eurent possible jamais. Quand tout l'empire de Flore, avec les deux Arabies et les lieux où naît le baume, seroient distillés, on n'en feroit pas un assortiment de senteurs comme celui-là. Dans un autre endroit étoient des piles de joyaux, ornements et chaînes de pierreries, bracelets, colliers, et autres machines qui se fabriquent à Cythere. On étala les filets de perles; on déploya les habits chamarrés de diamants : il y avoit de quoi armer un million de Belles de toutes pieces. Non que Psyché ne se pût passer de ces choses, comme je l'ai déjà dit; elle n'étoit pas de ces conquérantes à qui il faut un peu d'aide : mais pour la grandeur et pour la forme son mari le vouloit ainsi.

Ses sœurs soupiroient à la vue de ces objets; c'étoient autant de serpents qui leur rongeoient l'ame. Au sortir de cet arsenal, elles furent menées dans les chambres, puis dans

les jardins; et par-tout elles avaloient un nouveau poison.
Une des choses qui leur causa le plus de dépit, fut qu'en
leur présence notre héroïne ordonna aux zéphyrs de redou-
bler la fraîcheur ordinaire de ce séjour, de pénétrer jusqu'au
fond des bois, d'avertir les rossignols qu'ils se tinssent prêts,
et que ses sœurs se promeneroient sur le soir en un tel
endroit. Il ne lui reste, se dirent les sœurs à l'oreille, que
de commander aux saisons et aux éléments.

Cependant les Nymphes n'étoient pas inutiles. Elles
préparoient les autres plaisirs, chacune selon son office;
celles-là les collations, celles-ci la symphonie, d'autres les
divertissements de théâtre. Psyché trouva bon que ces der-
nières missent son aventure en comédie. On y joua les plus
considérables de ses amants, à l'exception du mari, qui ne
parut point sur la scene. Les Nymphes étoient trop bien
averties pour le donner à connoître. Mais comme il falloit
une conclusion à la piece, et que cette conclusion ne pouvoit être autre qu'un mariage, on fit épouser la Belle par
ambassadeurs; et ces ambassadeurs furent les Jeux et les
Ris : mais on ne nomma point le mari.

Ce fut le premier sujet qu'eurent les deux sœurs de douter des charmes de cet époux. Elles s'étoient malicieusement
informées de ses qualités, s'imaginant que ce seroit un vieux
roi, qui, ne pouvant mieux, amusoit sa femme avec des
bijoux. Mais Psyché leur en avoit dit des merveilles : Qu'il
n'étoit guere plus âgé que la plus jeune d'entre elles deux;

qu'il avoit la mine d'un Mars, et pourtant beaucoup de douceur en son procédé; les traits du visage agréables; galant
sur-tout; elles en seroient juges elles-mêmes : non de ce
voyage, il étoit absent; les affaires de son état le retenoient
en une province dont elle avoit oublié le nom : au reste,
qu'elles se gardassent bien d'interpréter l'oracle à la lettre;
ces qualités d'incendiaire et d'empoisonneur n'étoient autre
chose qu'une énigme qu'elle leur expliqueroit quelque jour,
quand les affaires de son époux le lui permettroient.

Les deux sœurs écoutoient ces choses avec un chagrin qui alloit jusqu'au désespoir. Il fallut pourtant se
contraindre pour leur honneur, et aussi pour se conserver
quelque créance en l'esprit de leur cadette. Cela leur étoit
nécessaire dans le dessein qu'elles avoient. Les maudites
femmes s'étoient proposé de tenter toutes sortes de moyens
pour engager leur sœur à se perdre, soit en lui donnant de
mauvaises impressions de son mari, soit en renouvelant
dans son ame le souvenir d'un de ses amants.

Huit jours se passerent en divertissements continuels, à
toujours changer : nos envieuses se gardoient bien de demander deux fois une même chose; c'eût été faire plaisir à leur
sœur, qui, de son côté, les accabloit de caresses. Moins elles
avoient lieu de s'ennuyer, et plus elles s'ennuyoient. Elles
auroient pris congé dès le second jour, sans la curiosité de
voir ce mari qu'elles ne croyoient ni si beau ni si aimable
que disoit Psyché. Beaucoup de raisons le leur faisoient juger

de la sorte : premièrement les paroles de l'oracle; cette pré-
tendue absence, qui se rencontroit justement dans le temps
de leur visite, cette province dont Psyché avoit oublié le
nom; l'embarras où elle étoit en parlant de son mari : elle
n'en parloit qu'en hésitant, étant trop bien née et trop jeune
pour pouvoir mentir avec assurance. Ses sœurs faisoient leur
profit de tout. L'envie leur ouvroit les yeux : c'est un démon
qui ne laisse rien échapper et qui tire conséquence de toutes
choses, aussi bien que la jalousie.

Au bout des huit jours, Psyché congédia ses aînées avec
force dons et prieres de revenir : qu'on ne les feroit plus
attendre comme on avoit fait; qu'elle tâcheroit d'obtenir
de son mari que les dragons fussent enchaînés; qu'aussitôt
qu'elles seroient arrivées au pied du rocher on les enleveroit
au sommet, soit le Zéphyre en personne, soit son haleine;
elles n'auroient qu'à s'abandonner dans les airs. Les présents que leur fit Psyché furent des essences et des pierreries; force raretés à leurs maris; toutes sortes de jouets à
leurs enfants : quant aux personnes dont la Belle tenoit le
jour, deux fioles d'un élixir capable de rajeunir la vieillesse
même.

Les deux sœurs parties, et le mari revenu, Psyché lui
conta tout ce qui s'étoit passé, et le reçut avec les caresses
que l'absence a coutume de produire entre nouveaux ma-
riés; si bien que le monstre, ne trouvant point l'amour de
sa femme diminué ni sa curiosité accrue, se mit en l'esprit

qu'en vain il craignoit ces sœurs, et se laissa tellement per-
suader, qu'il agréa leurs visites, et donna les mains à tout
ce que voulut sa femme sur ce sujet.

Les sœurs ne trouverent pas à propos de révéler ces
merveilles; c'eût été contribuer elles-mêmes à la gloire de
leur cadette. Elles dirent que leur voyage avoit été inutile;
qu'elles n'avoient point vu Psyché, mais qu'elles espéroient
la voir par le moyen d'un jeune homme appelé Zéphyre, qui
tournoit sans cesse à l'entour du roc, et qu'elles gagneroient
infailliblement, pourvu qu'elles s'en voulussent donner la
peine.

Quand elles étoient seules, et qu'on ne pouvoit les entendre, elles se plaignoient l'une à l'autre de la félicité de
leur sœur. Si son mari, disoit l'une, est aussi bien fait qu'il
est riche, notre cadette se peut vanter que l'épouse de Jupiter n'est pas si heureuse qu'elle. Pourquoi le Sort lui a-t-il
donné tant d'avantage sur nous? méritions-nous moins que
cette jeune étourdie? et n'avions-nous pas autant de beauté
et plus d'esprit qu'elle?

Je voudrois que vous sussiez, disoit l'autre, quelle sorte
de mari j'ai épousé; il a toujours une douzaine de médecins
à l'entour de sa personne. Je ne sais comme il ne les fait
point coucher avec lui : car pour me faire cet honneur, cela
ne lui arrive que rarement, et par des considérations d'état;
encore faut-il qu'Esculape le lui conseille.

Ma condition, continuoit la première, est pire que tout

cela ; car non seulement mon mari me prive des caresses qui me sont dues, mais il en fait part à d'autres personnes. Si votre époux a une douzaine de médecins à l'entour de lui, je puis dire que le mien a deux fois autant de maîtresses, qui toutes, graces à Lucine, ont le don de fécondité. La famille royale est tantôt si ample qu'il y auroit de quoi faire une colonie très considérable.

C'est ainsi que nos envieuses se confirmoient dans leur mécontentement et dans leur dessein.

Un mois étoit à peine écoulé qu'elles proposerent un second voyage. Les parents l'approuverent fort : les maris ne le desapprouverent pas ; c'étoit autant de temps passé sans leurs femmes. Elles partent donc, laissent leur train à l'entrée du bois, arrivent au pied du rocher sans obstacle et sans dragons. Le Zéphyre ne parut point, et ne laissa pas de les enlever.

> Ce méchant couple amenoit avec lui
> La curieuse et misérable envie,
> Pâle démon que le bonheur d'autrui
> Nourrit de fiel et de mélancolie.

Cela ne les rendit pas plus pesantes : au contraire, la maigreur étant inséparable de l'envie, la charge n'en fut que moindre, et elles se trouverent en peu d'heures dans le palais de leur sœur. On les y reçut si bien que leur déplaisir en augmenta de moitié.

Psyché, s'entretenant avec elles, ne se souvint pas de la maniere dont elle leur avoit peint son mari la premiere fois; et, par un défaut de mémoire où tombent ordinairement ceux qui ne disent pas la vérité, elle le fit de moitié plus jeune, d'une beauté délicate, et non plus un Mars, mais un Adonis qui ne feroit que sortir de page.

Les sœurs, étonnées de ces contradictions, ne surent d'abord qu'en juger. Tantôt elles soupçonnoient leur sœur de se railler d'elles, tantôt de leur déguiser les défauts de son mari. A la fin elles la tournerent de tant de côtés, que la pauvre épouse avoua la chose comme elle étoit. Ce fut aussitôt de lui glisser leur venin, mais d'une maniere que Psyché ne s'en pût appercevoir. Toute honnête femme, lui dirent-elles, se doit contenter du mari que les Dieux lui ont donné, quel qu'il puisse être, et ne pas pénétrer plus avant qu'il ne plaît à ce mari. Si c'étoit toutefois un monstre que vous eussiez épousé, nous vous plaindrions; d'autant plus que vous pouvez en devenir grosse : et quel déplaisir de mettre au jour des enfants que le jour n'éclaire qu'avec horreur, et qui vous font rougir vous et la nature! Hélas! dit la Belle avec un soupir, je n'avois pas encore fait de réflexions là-dessus. Ses sœurs, lui ayant allégué de méchantes raisons pour ne s'en pas soucier, se séparerent un peu d'elle, afin de laisser agir leur venin.

Quand Psyché fut seule, toutes ses craintes, tous ses

A son lever elle fut toute étonnée que les Nimphes lui
amenèrent ses sœurs.

soupçons lui revinrent dans la pensée. Ah! mes sœurs, s'écria-t-elle, en quelle peine vous m'avez mise! Les personnes riches souhaitent d'avoir des enfants : moi qui ne suis entourée que de pierreries, il faut que je fasse des vœux au contraire. C'est être bien malheureuse, que de posséder tant de trésors et appréhender la fécondité! Elle demeura quelque temps comme ensevelie dans cette pensée, puis recommença avec plus de véhémence qu'auparavant. Quoi! Psyché peuplera de monstres tout l'univers! Psyché à qui l'on a dit tant de fois qu'elle le peupleroit d'Amours et de Graces! non, non; je mourrai plutôt que de m'exposer davantage à un tel hasard. En arrive ce qui pourra, je veux m'éclaircir; et si je trouve que mon mari soit tel que je l'appréhende, il peut bien se pourvoir de femme; je ne voudrois pas l'être un seul moment du plus riche monstre de la nature.

Nos deux furies, qui ne s'étoient pas tant éloignées qu'elles ne pussent voir l'effet du poison, entendirent plus qu'à demi ces paroles, et se rapprocherent. Psyché leur déclara naïvement la résolution qu'elle avoit prise. Pour fortifier ce sentiment, les deux sœurs le combattirent; et, non contentes de le combattre, elles firent encore mille façons propres à augmenter la curiosité et l'inquiétude : elles se parloient à l'oreille, haussoient les épaules, jetoient des regards de pitié sur leur sœur.

La pauvre épouse ne put résister à tout cela. Elle les

pressa à la fin d'une telle sorte, qu'après un nombre infini
de précautions elles lui dirent tout bas :

Nous voulons bien vous avertir que nous avons vu sur
le point du jour un dragon dans l'air. Il voloit avec assez
de peine, appuyé sur le Zéphyre, qui voloit aussi à côté de
lui. Le Zéphyre l'a soutenu jusqu'à l'entrée d'une caverne
effroyable. Là le dragon l'a congédié et s'est étendu sur
le sable. Comme nous n'étions pas loin, nous l'avons vu
se repaître de toutes sortes d'insectes : vous savez que les
avenues de ce palais en fourmillent. Après ce repas et un
sifflement, il s'est traîné sur le ventre dans la caverne.
Nous qui étions étonnées et toutes tremblantes, nous nous
sommes éloignées de cet endroit avec le moins de bruit
que nous avons pu, et avons fait le tour du rocher, de peur
que le dragon ne nous entendît lorsque nous vous appelle-
rions. Nous vous avons même appelée moins haut que nous
n'avions fait à la précédente visite. Aux premiers accents
de notre voix, une douce haleine est venue nous enlever,
sans que le Zéphyre ait paru.

C'étoit mensonge que tout cela; cependant Psyché y
ajouta foi : les personnes qui sont en peine croient volontiers ce qu'elles appréhendent. De ce moment-là notre
héroïne cessa de goûter sa béatitude, et n'eut en l'esprit
qu'un dragon imaginaire dont la pensée ne la quitta point.
C'étoit à son compte ce digne époux que les Dieux lui
avoient donné, avec qui elle avoit eu des conversations si

touchantes, passé des heures si agréables, goûté de si doux
plaisirs. Elle ne trouvoit plus étrange qu'il appréhendât
d'être vu; c'étoit judicieusement fait à lui.

Il y avoit pourtant des moments où notre héroïne dou-
toit. Les paroles de l'oracle ne lui sembloient nullement
convenir à la peinture de ce dragon. Mais voici comme elle
accordoit l'un et l'autre. Mon mari est un démon, ou bien
un magicien qui se fait tantôt dragon, tantôt loup, tantôt
empoisonneur et incendiaire, mais toujours monstre. Il me
fascine les yeux, et me fait accroire que je suis dans un palais, servie par des Nymphes, environnée de magnificence,
que j'entends des musiques, que je vois des comédies; et
tout cela, songe : il n'y a rien de réel, sinon que je couche
aux côtés d'un monstre ou de quelque magicien; l'un ne
vaut pas mieux que l'autre.

Le désespoir de Psyché passa si avant que ses sœurs
eurent tout sujet d'en être contentes; ce que ces misérables
femmes se gardèrent bien de témoigner. Au contraire, elles
firent les affligées : elles prirent même à tâche de consoler
leur cadette, c'est-à-dire de l'attrister encore davantage, et
lui faire voir que, puisqu'elle avoit besoin qu'on la consolât,
elle étoit véritablement malheureuse.

Notre héroïne, ingénieuse à se tourmenter, fit ce qu'elle
put pour les satisfaire. Mille pensées lui vinrent en l'esprit,
et autant de résolutions différentes, dont la moins funeste
étoit d'avancer ses jours sans essayer de voir son mari. Je

m'en irai, disoit-elle, parmi les morts, avec cette satisfaction
que de m'être fait violence pour lui complaire. La curiosité
fut toutefois la plus forte, outre le dépit d'avoir servi aux
plaisirs d'un monstre. Comment se montrer après cela? Il
falloit sortir du monde; mais il en falloit sortir par une voie
honorable : c'étoit de tuer celui qui se trouveroit avoir abusé
de sa beauté, et se tuer elle-même après.

Psyché ne se put rien imaginer de plus à propos ni de
plus expédient; elle en demeura donc là. Il ne restoit plus
que de trouver les moyens de l'exécuter; c'est où la difficulté consistoit : car premièrement, de voir son mari, il ne
se pouvoit; on emportoit les flambeaux dès qu'elle étoit dans
le lit : de le tuer, encore moins; il n'y avoit en ce séjour
bienheureux, ni poison, ni poignard, ni autre instrument de
vengeance et de désespoir. Nos envieuses y pourvurent, et
promirent à la pauvre épouse de lui apporter au plutôt une
lampe et un poignard : elle cacheroit l'un et l'autre jusqu'à
l'heure que le sommeil se rendoit maître de ce palais, et
tenoit charmés le monstre et les Nymphes; car c'étoit un
des plaisirs de ce beau séjour que de bien dormir. Dans ce
dessein les deux sœurs partirent.

Pendant leur absence, Psyché eut grand soin de s'affli-
ger, et encore plus grand soin de dissimuler son affliction.
Tous les artifices dont les femmes ont coutume de se servir
quand elles veulent tromper leurs maris furent employés par
la Belle : ce n'étoient qu'embrassements et caresses, complai-

sances perpétuelles, protestations et serments de ne point
aller contre le vouloir de son cher époux : on n'y omit rien,
non seulement envers le mari, mais envers les Nymphes; les
plus clairvoyantes y furent trompées. Que si elle se trouvoit seule, l'inquiétude la reprenoit. Tantôt elle avoit peine
à s'imaginer qu'un mari qu'à toutes sortes de marques elle
avoit sujet de croire jeune et bien fait, qui avoit la peau et
l'humeur si douces, le ton de voix si agréable, la conversation si charmante; qu'un mari qui aimoit sa femme et qui la
traitoit comme une maîtresse; qu'un mari, dis-je, qui étoit
servi par des Nymphes, et qui traînoit à sa suite tous les
plaisirs, fût quelque magicien ou quelque dragon. Ce que
la Belle avoit trouvé si délicieux au toucher, et si digne de
ses baisers, étoit donc la peau d'un serpent! jamais femme
s'étoit-elle trompée de la sorte? D'autres fois elle se remettoit
en mémoire la pompe funebre qui avoit servi de cérémonie
à son mariage, les horribles hôtes de ce rocher, sur-tout le
dragon qu'avoient vu ses sœurs, et qui, étant soutenu par
le Zéphyre, ne pouvoit être autre que son mari. Cette derniere pensée l'emportoit toujours sur les autres; soit par
une fatalité particuliere, soit à cause que c'étoit la pire, et
que notre esprit va naturellement là.

Au bout de cinq ou six jours les deux sœurs revinrent.
Elles s'étoient abandonnées dans les airs comme si elles
eussent voulu se laisser tomber. Un souffle agréable les
avoit incontinent enlevées et portées au sommet du roc.

Psyché leur demanda dès l'abord où étoient la lampe et le poignard.

> Les voici, dit ce couple; et nous vous assurons
>> De la clarté que fait la lampe.
>> Pour le poignard, il est des bons,
>> Bien affilé, de bonne trempe.
> Comme nous vous aimons, et ne négligeons rien
>> Quand il s'agit de votre bien,
> Nous avons eu le soin d'empoisonner la lame :
>> Tenez-vous sûre de ses coups;
>> C'est fait du monstre votre époux,
>> Pour peu que ce poignard l'entame.
>> A ces mots un trait de pitié
>> Toucha le cœur de notre Belle :
>> Je vous rends graces, leur dit-elle,
>> De tant de marques d'amitié.

Psyché leur dit ces paroles assez froidement; ce qui leur fit craindre qu'elle n'eût changé d'avis : mais elles reconnurent bientôt que l'esprit de leur cadette étoit toujours dans la même assiette, et que ce sentiment de pitié, dont elle n'avoit pas été la maîtresse, étoit ordinaire à ceux qui sont sur le point de faire du mal à quelqu'un.

Quand nos deux furies eurent mis leur sœur en train de se perdre, elles la quitterent, et ne firent pas long séjour aux environs de cette montagne.

Le mari vint sur le soir, avec une mélancolie extraordinaire, et qui lui devoit être un pressentiment de ce qui se préparoit contre lui : mais les caresses de sa femme le rassurerent. Il se coucha donc, et s'abandonna au sommeil aussitôt qu'il fut couché.

Voilà Psyché bien embarrassée : comme on ne connoît l'importance d'une action que quand on est près de l'exécuter, elle envisagea la sienne dans ce moment-là avec ses suites les plus fâcheuses, et se trouva combattue de je ne sais combien de passions aussi contraires que violentes. L'appréhension, le dépit, la pitié, la colere, et le désespoir, la curiosité principalement, tout ce qui porte à commettre quelque forfait, et tout ce qui en détourne, s'empara du cœur de notre héroïne, et en fit la scene de cent agitations différentes ; chaque passion le tiroit à soi. Il fallut pourtant se déterminer. Ce fut en faveur de la curiosité que la Belle se déclara ; car pour la colere, il lui fut impossible de l'écouter quand elle songea qu'elle alloit tuer son mari. On n'en vient jamais à une telle extrémité sans de grands scrupules, et sans avoir beaucoup à combattre. Qu'on fasse telle mine que l'on voudra, qu'on se querelle, qu'on se sépare, qu'on proteste de se haïr, il reste toujours un levain d'amour entre deux personnes qui ont été unies si étroitement.

Ces difficultés arrèterent la pauvre épouse quelque peu de temps. Elle les franchit à la fin, se leva sans bruit, prit le poignard et la lampe qu'elle avoit cachés, s'en alla le plus doucement qu'il lui fut possible vers l'endroit du lit où le

monstre s'étoit couché, avançant un pied, puis un autre, et
prenant bien garde à les poser par mesure, comme si elle
eût marché sur des pointes de diamants. Elle retenoit jusqu'à son haleine, et craignoit presque que ses pensées ne la
décelassent. Il s'en fallut peu qu'elle ne priât son ombre de
ne point faire de bruit en l'accompagnant.

    A pas tremblants et suspendus
    Elle arrive enfin où repose
    Son époux aux bras étendus,
    Époux plus beau qu'aucune chose ;
C'étoit aussi l'Amour : son teint, par sa fraîcheur,
    Par son éclat, par sa blancheur,
Rendoit le lis jaloux, faisoit honte à la rose.
    Avant que de parler du teint,
    Je devois vous avoir dépeint,
    Pour aller par ordre en l'affaire.
La posture du Dieu. Son col étoit penché ;
C'est ainsi que le Somme en sa grotte est couché :
    Ce qu'il ne falloit pas vous taire.
Ses bras à demi nus étaloient des appas,
    Non d'un Hercule ou d'un Atlas,
    D'un Pan, d'un Sylvain ou d'un Faune,
    Ni même ceux d'une Amazone ;
Mais ceux d'une Vénus à l'âge de vingt ans.
    Ses cheveux épars et flottants,
    Et que les mains de la Nature
    Avoient frisés à l'aventure,

Les préfens que leur fit Pfiché furent des effonces
& des Pierreries forces raretez .. &

Celles de Flore parfumés,
Cachoient quelques attraits dignes d'être estimés ;
Mais Psyché n'en étoit qu'à prendre plus facile,
Car pour un qu'ils cachoient elle en soupçonnoit mille ;
Leurs anneaux, leurs boucles, leurs nœuds,
Tour-à-tour de Psyché reçurent tous des vœux ;
Chacun eut à part son hommage.
Une chose nuisit pourtant à ces cheveux ;
Ce fut la beauté du visage.

Que vous en dirai-je ? et comment
En parler assez dignement ?
Suppléez à mon impuissance ;
Je ne vous aurois d'aujourd'hui
Dépeint les beautés de celui
Qui des beautés a l'intendance.
Que dirois-je des traits où les Ris sont logés ?
De ceux que les Amours ont entre eux partagés ?
Des yeux aux brillantes merveilles,
Qui sont les portes du desir ;
Et sur-tout des levres vermeilles,
Qui sont les sources du plaisir ?

Psyché demeura comme transportée à l'aspect de son époux. Dès l'abord elle jugea bien que c'étoit l'Amour ; car quel autre Dieu lui auroit paru si agréable ?

Ce que la beauté, la jeunesse, le divin charme qui communique à ces choses le don de plaire ; ce qu'une personne faite à plaisir peut causer aux yeux de volupté, et de ravissement à l'esprit, Cupidon en ce moment-là le fit sentir à notre héroïne. Il dormoit à la manière d'un Dieu, c'est-à-dire profondément, penché nonchalamment sur son oreiller, un bras sur sa tête, l'autre bras tombant sur les bords du lit, couvert à demi d'un voile de gaze, ainsi que sa mere en use, et les Nymphes aussi, et quelquefois les Bergeres.

La joie de Psyché fut grande; si l'on doit appeler joie ce qui est proprement extase : encore ce mot est-il foible, et n'exprime pas la moindre partie du plaisir que reçut la Belle. Elle bénit mille fois le défaut du sexe, se sut très bon gré d'être curieuse, bien fâchée de n'avoir pas contrevenu dès le premier jour aux défenses qu'on lui avoit faites et à ses serments. Il n'y avoit pas d'apparence, selon son sens, qu'il en dût arriver de mal ; au contraire, cela étoit bien, et justifioit les caresses que jusque-là elle avoit cru faire à un monstre. La pauvre femme se repentoit de ne lui en avoir pas fait davantage : elle étoit honteuse de son peu d'amour, toute prête de réparer cette faute si son mari le souhaitoit, quand même il ne le souhaiteroit pas.

Ce ne fut pas à elle peu de retenue de ne point jeter et lampe et poignard pour s'abandonner à son transport. Véritablement le poignard lui tomba des mains, mais la lampe non, elle en avoit trop affaire, et n'avoit pas encore vu tout ce qu'il y avoit à voir. Une telle commodité ne se rencontroit pas tous les jours, il s'en falloit donc servir : c'est ce qu'elle fit, sollicitée de faire cesser son plaisir par son plaisir même. Tantôt la bouche de son mari lui demandoit un baiser, et tantôt ses yeux; mais la crainte de l'éveiller l'arrêtoit tout court. Elle avoit de la peine à croire ce qu'elle voyoit, se passoit la main sur les yeux, craignant que ce ne fût songe et illusion; puis recommençoit à considérer son mari. Dieux immortels! dit-elle en soi-même, est-ce ainsi que sont faits les monstres? comment donc est fait ce que l'on appelle Amour? Que tu es heureuse, Psyché! Ah! divin époux! pourquoi m'as-tu refusé si long-temps la connoissance de ce bonheur? craignois-tu que je n'en mourusse de joie? étoit-ce pour plaire à ta mere ou à quelqu'une de tes maîtresses? car tu es trop beau pour ne faire le personnage que de mari. Quoi! je t'ai voulu tuer! quoi! cette pensée m'est venue! O Dieux! je frémis d'horreur à ce souvenir. Suffisoit-il pas, cruelle Psyché, d'exercer ta rage contre toi seule? l'univers n'y eût rien perdu : et sans ton époux que deviendroit-il? Folle que je suis! mon mari est immortel : il n'a pas tenu à moi qu'il ne le fût point.

Après ces réflexions il lui prit envie de regarder de plus près celui qu'elle n'avoit déja que trop vu. Elle pencha quelque peu l'instrument fatal qui l'avoit jusque-là servie si utilement. Il en tomba sur la cuisse de son époux une goutte d'huile enflammée. La douleur éveilla le Dieu. Il vit la pauvre Psyché qui, toute confuse, tenoit sa lampe; et, ce qui fut de plus malheureux, il vit aussi le poignard tombé près de lui.

Dispensez-moi de vous raconter le reste : vous seriez touchés de trop de pitié au récit que je vous ferois.

> Là finit de Psyché le bonheur et la gloire :
> Et là votre plaisir pourroit cesser aussi.
> Ce n'est pas mon talent d'achever une histoire
>   Qui se termine ainsi.

Ne laissez pas de continuer, dit Acante, puisque vous nous l'avez promis : peut-être aurez-vous mieux réussi que vous ne croyez. Quand cela seroit, reprit Polyphile, quelle satisfaction aurez-vous? vous verrez souffrir une Belle, et en pleurerez, pour peu que j'y contribue. Eh bien! repartit Acante, nous pleurerons. Voilà un grand mal pour nous! les héros de l'antiquité pleuroient bien. Que cela ne vous empêche pas de continuer. La compassion a aussi ses charmes qui ne sont pas moindres que ceux du rire : je tiens même qu'ils sont plus grands, et crois qu'Ariste est de mon avis. Soyez si tendre et si émouvant que vous voudrez, nous ne vous en écouterons tous deux que plus volontiers.

Et moi, dit Gélaste, que deviendrai-je? Dieu m'a fait la grace de me donner des oreilles aussi bien qu'à vous. Quand Polyphile les consulteroit, et qu'il ne feroit pas tant le pathétique, la chose n'en iroit que mieux vu la manière d'écrire qu'il a choisie.

Le sentiment de Gélaste fut approuvé. Et Ariste, qui s'étoit tû jusque-là, dit en se tournant vers Polyphile : Je

voudrois que vous me pussiez attendrir le cœur par le récit
des aventures de votre Belle; je lui donnerois des larmes
avec le plus grand plaisir du monde. La pitié est celui des
mouvements du discours qui me plaît le plus : je le préfere
de bien loin aux autres. Mais ne vous contraignez point pour
cela : il est bon de s'accommoder à son sujet; mais il est
encore meilleur de s'accommoder à son génie. C'est pourquoi suivez le conseil que vous a donné Gélaste.

Il faut bien que je le suive, continua Polyphile : comment ferois-je autrement? J'ai déja mêlé malgré moi de la
gaieté parmi les endroits les plus sérieux de cette histoire;
je ne vous assure pas que tantôt je n'en mêle aussi parmi les
plus tristes. C'est un défaut dont je ne me saurois corriger,
quelque peine que j'y apporte.

Défaut pour défaut, dit Gélaste, j'aime beaucoup mieux
qu'on me fasse rire quand je dois pleurer, que si l'on me
faisoit pleurer lorsque je dois rire. C'est pourquoi, encore
une fois, continuez comme vous avez commencé.

Laissons-lui reprendre haleine auparavant, dit Acante :
le grand chaud étant passé, rien ne nous empêche de sortir
d'ici, et de voir en nous promenant les endroits les plus
agréables de ce jardin. Bien que nous les ayons vus plusieurs
fois, je ne laisse pas d'en être touché, et crois qu'Ariste et
Polyphile le sont aussi. Quant à Gélaste, il aimeroit mieux
employer son temps autour de quelque Psyché, que de con-
verser avec des arbres et des fontaines. On pourra tantôt le

satisfaire : nous nous asseierons sur l'herbe menue pour
écouter Polyphile, et plaindrons les peines et les infortunes
de son héroïne, avec une tendresse d'autant plus grande que
la présence de ces objets nous remplira l'ame d'une douce
mélancolie. Quand le Soleil nous verra pleurer, ce ne sera
pas un grand mal : il en voit bien d'autres par l'univers qui
en font autant, non pour le malheur d'autrui, mais pour le
leur propre. Acante fut cru, et on se leva.

Au sortir de cet endroit ils firent cinq ou six cents pas
sans rien dire. Gélaste, ennuyé de ce long silence, l'inter-
rompit, et fronçant un peu son sourcil : Je vous ai, dit-il,
tantôt laissés mettre le plaisir du rire après celui de pleurer;
trouverez-vous bon que je vous guérisse de cette erreur?
Vous savez que le rire est ami de l'homme, et le mien particulier; m'avez-vous cru capable d'abandonner sa défense
sans vous contredire le moins du monde? Hélas! non,
repartit Acante; car quand il n'y auroit que le plaisir de
contredire, vous le trouvez assez grand pour nous engager
en une très longue et très opiniâtre dispute.

Ces paroles, à quoi Gélaste ne s'attendoit point, et qui
firent faire un petit éclat de risée, l'interdirent un peu. Il
en revint aussitôt. Vous croyez, dit-il, vous sauver par-là;
c'est l'ordinaire de ceux qui ont tort, et qui connoissent leur
foible, de chercher des fuites : mais évitez tant que vous
voudrez le combat, si faut-il que vous m'avouiez que votre
proposition est absurde, et qu'il vaut mieux rire que pleurer.

A le prendre en général comme vous faites, poursuivit
Ariste, cela est vrai; mais vous falsifiez notre texte. Nous
vous disons seulement que la pitié est celui des mouvements du discours que nous tenons le plus noble, le plus
excellent, si vous voulez; je passe encore outre, et le main-
tiens le plus agréable : voyez la hardiesse de ce paradoxe.

O Dieux immortels! s'écria Gélaste, y a-t-il des gens
assez fous au monde pour soutenir une opinion si extravagante? Je ne dis pas que Sophocle et Euripide ne me
divertissent davantage que quantité de faiseurs de comédies : mais mettez les choses en pareil degré d'excellence,
quitterez-vous le plaisir de voir attraper deux vieillards
par un drôle comme Phormion, pour aller pleurer avec la
famille du roi Priam? Oui, encore un coup, je le quitterai,
dit Ariste. Et vous aimerez mieux, ajouta Gélaste, écouter
Sylvandre faisant des plaintes, que d'entendre Hylas entretenant agréablement ses maîtresses? C'est un autre point,
poursuivit Ariste; mettez les choses, comme vous dites, en
pareil degré d'excellence, je vous répondrai là-dessus : Sylvandre, après tout, pourroit faire de telles plaintes, que
vous les préféreriez vous-même aux bons mots d'Hylas.

Aux bons mots d'Hylas! repartit Gélaste; pensez-vous
bien à ce que vous dites? savez-vous quel homme c'est
que l'Hylas de qui nous parlons? C'est le véritable héros
d'Astrée : c'est un homme plus nécessaire dans le roman
qu'une douzaine de Céladons. Avec cela, dit Ariste, s'il y en

avoit deux ils vous ennuieroient; et les autres, en quelque nombre qu'ils soient, ne vous ennuient point. Mais nous ne faisons qu'insister l'un et l'autre pour notre avis, sans en apporter d'autre fondement que notre avis même. Ce n'est pas là le moyen de terminer la dispute, ni de découvrir qui a tort ou qui a raison.

Cela me fait souvenir, dit Acante, de certaines gens dont les disputes se passent entieres à nier et à soutenir, et point d'autre preuve. Vous en allez avoir une pareille si vous ne vous y prenez d'autre sorte.

C'est à quoi il faut remédier, dit Ariste : cette matiere en vaut bien la peine, et nous peut fournir beaucoup de choses dignes d'être examinées. Mais, comme elles mériteroient plus de temps que nous n'en avons, je suis d'avis de ne toucher que le principal, et qu'après nous réduisions la dispute au jugement qu'on doit faire de l'ouvrage de Polyphile, afin de ne pas sortir entièrement du sujet pour lequel nous nous rencontrons ici. Voyons seulement qui établira le premier son opinion. Comme Gélaste est l'agresseur, il seroit juste que ce fût lui. Néanmoins je commencerai s'il le veut.

Non, non, dit Gélaste, je ne veux point qu'on m'accorde de privilege. Vous n'êtes pas assez fort pour donner de l'avantage à votre ennemi. Je vous soutiens donc que, les choses étant égales, la plus saine partie du monde préférera toujours la comédie à la tragédie. Que dis-je, la

Pour le poignard il est des bons
Bon acié de bonne trempe

plus saine partie du monde? mais tout le monde. Je vous
demande où le goût universel d'aujourd'hui se porte. La
cour, les dames, les cavaliers, les savants, le peuple, tout
demande la comédie, point de plaisir que la comédie.
Aussi voyons-nous qu'on se sert indifféremment de ce
mot de comédie pour qualifier tous les divertissements du
théâtre : on n'a jamais dit Les tragédiens, ni Allons à la
tragédie.

Vous en savez mieux que moi la véritable raison, dit
Ariste, et que cela vient du mot de bourgade, en grec.
Comme cette érudition seroit longue, et qu'aucun de nous
ne l'ignore, je la laisse à part, et m'arrêterai seulement à
ce que vous dites. Parceque le mot de comédie est pris
abusivement pour toutes les especes du dramatique, la
comédie est préférable à la tragédie : n'est-ce pas là bien
conclure? Cela fait voir seulement que la comédie est plus
commune; et parcequ'elle est plus commune, je pourrois
dire qu'elle touche moins les esprits.

Voilà bien conclure à votre tour, répliqua Gélaste : le
diamant est plus commun que certaines pierres; donc le
diamant touche moins les yeux. Hé! mon ami, ne voyez-
vous pas qu'on ne se lasse jamais de rire? on peut se lasser
du jeu, de la bonne chere, des dames; mais de rire, point.
Avez-vous entendu dire à qui que ce soit : Il y a huit jours
entiers que nous rions, je vous prie, pleurons aujourd'hui?

Vous sortez toujours, dit Ariste, de notre these, et

apportez des raisons si triviales que j'en ai honte pour vous.

Voyez un peu l'homme difficile! reprit Gélaste : et vraiment, puisque vous voulez que je discoure de la comédie et du rire en philosophe platonicien, j'y consens; faites-moi seulement la grace de m'écouter. Le plaisir dont nous devons faire le plus de cas est toujours celui qui convient le mieux à notre nature; car c'est s'unir à soi-même que de le goûter. Or y a-t-il rien qui nous convienne mieux que le rire? Il n'est pas moins naturel à l'homme que la raison; il lui est même particulier; vous ne trouverez aucun animal qui rie, et en rencontrerez quelques uns qui pleurent. Je vous défie, tout sensible que vous êtes, de jeter des larmes aussi grosses que celles d'un cerf qui est aux abois, ou du cheval de ce pauvre prince dont on voit la pompe funebre dans l'onzieme livre de l'Énéide. Tombez d'accord de ces vérités; je vous laisserai après pleurer tant qu'il vous plaira : vous tiendrez compagnie au cheval du pauvre Pallas, et moi je rirai avec tous les hommes.

La conclusion de Gélaste fit rire ses trois amis, Ariste comme les autres : après quoi celui-ci dit : Je vous nie vos deux propositions, aussi bien la seconde que la premiere. Quelque opinion qu'ait eue l'école jusqu'à présent, je ne conviens pas avec elle que le rire appartienne à l'homme privativement au reste des animaux. Il faudroit entendre la langue de ces derniers pour connoître qu'ils ne rient point.

Je les tiens sujets à toutes nos passions : il n'y a pour ce point-là de différence entre nous et eux que du plus au moins, et en la manière de s'exprimer. Quant à votre première proposition, tant s'en faut que nous devions toujours courir après les plaisirs qui nous sont les plus naturels et que nous avons le plus à commandement, que ce n'est pas même un plaisir de posséder une chose très commune. De là vient que dans Platon l'Amour est fils de la Pauvreté, voulant dire que nous n'avons de passion que pour les choses qui nous manquent, et dont nous sommes nécessiteux. Ainsi le rire, qui nous est, à ce que vous dites, si familier, sera dans la scene le plaisir des laquais et du menu peuple, le pleurer celui des honnêtes gens.

Vous poussez la chose un peu trop loin, dit Acante, je ne tiens pas que le rire soit interdit aux honnêtes gens. Je ne le tiens pas non plus, reprit Ariste. Ce que je dis n'est que pour payer Gélaste de sa monnoie. Vous savez combien nous avons ri en lisant Térence, et combien je ris en voyant les Italiens : je laisse à la porte ma raison et mon argent, et je ris après tout mon soul. Mais que les belles tragédies ne nous donnent une volupté plus grande que celle qui vient du comique, Gélaste ne le niera pas lui-même s'il y veut faire réflexion.

Il faudroit, repartit froidement Gélaste, condamner à une très grosse amende ceux qui font ces tragédies dont vous nous parlez. Vous allez là pour vous réjouir, et vous y trouvez un homme qui pleure auprès d'un autre homme, et cet autre auprès d'un autre, et tous ensemble avec la comédienne qui représente Andromaque, et la comédienne avec le poëte : c'est une chaîne de gens qui pleurent, comme dit votre Platon. Est-ce ainsi que l'on doit contenter ceux qui vont là pour se réjouir?

Ne dites point qu'ils y vont pour se réjouir, reprit Ariste; dites qu'ils y vont pour se divertir. Or je vous soutiens, avec le même Platon, qu'il n'y a divertissement égal à la tragédie, ni qui mene plus les esprits où il plaît au poëte. Le mot dont se sert Platon fait que je me figure le même poëte se rendant maître de tout un peuple, et faisant aller les ames comme des troupeaux, et comme s'il avoit en ses mains la baguette du Dieu Mercure. Je vous soutiens, dis-je, que les maux d'autrui nous divertissent; c'est-à-dire qu'ils nous attachent l'esprit.

Ils peuvent attacher le vôtre agréablement, poursuivit Gélaste, mais non pas le mien. En vérité je vous trouve de mauvais goût. Il vous suffit que l'on vous attache l'esprit; que ce soit avec des charmes agréables ou non, avec les serpents de Tisiphone, il ne vous importe. Quand vous me feriez passer l'effet de la tragédie pour une espece d'enchantement, cela feroit-il que l'effet de la comédie n'en fût un aussi. Ces deux choses étant égales, serez-vous si fou que de préférer la premiere à l'autre?

Mais vous-même, reprit Ariste, osez-vous mettre en

comparaison le plaisir du rire avec la pitié; la pitié, qui est un ravissement, une extase? Et comment ne le seroit-elle pas, si les larmes que nous versons pour nos propres maux sont, au sentiment d'Homere, non pas tout-à-fait au mien, si les larmes, dis-je, sont, au sentiment de ce divin poëte, une espece de volupté? Car en cet endroit où il fait pleurer Achille et Priam, l'un du souvenir de Patrocle, l'autre de la mort du dernier de ses enfants, il dit qu'ils se soulent de ce plaisir; il les fait jouir du pleurer comme si c'étoit quelque chose de délicieux.

Le Ciel vous veuille envoyer beaucoup de jouissances pareilles! reprit Gélaste; je n'en serai nullement jaloux. Ces extases de la pitié n'accommodent pas un homme de mon humeur. Le rire a pour moi quelque chose de plus vif et de plus sensible : enfin le rire me rit davantage. Toute la nature est en cela de mon avis. Allez-vous-en à la cour de Cythérée, vous y trouverez des Ris, et jamais de Pleurs.

Nous voici déja retombés, dit Ariste, dans ces raisons qui n'ont aucune solidité : vous êtes le plus frivole défenseur de la comédie que j'aie vu depuis long-temps.

Et nous voici retombés dans le platonisme, répliqua Gélaste : demeurons-y donc, puisque cela vous plaît tant. Je m'en vais vous dire quelque chose d'essentiel contre le pleurer, et veux vous convaincre par ce même endroit d'Homere dont vous avez fait votre capital. Quand Achille a pleuré son soul (par parenthese, je crois qu'Achille ne rioit pas de moins bon courage; tout ce que font les héros, ils le font dans le suprême degré de perfection); lorsqu'Achille, dis-je, s'est rassasié de ce beau plaisir de verser des larmes, il dit à Priam : Vieillard, tu es misérable : telle est la condition des mortels, ils passent leur vie dans les pleurs. Les Dieux seuls sont exempts de mal, et vivent là-haut à leur aise, sans rien souffrir. Que répondrez-vous à cela?

Je répondrai, dit Ariste, que les mortels sont mortels quand ils pleurent de leurs douleurs; mais quand ils pleurent des douleurs d'autrui, ce sont proprement des Dieux.

Les Dieux ne pleurent ni d'une façon ni d'une autre, reprit Gélaste : pour le rire, c'est leur partage. Qu'il ne soit ainsi : Homere dit en un autre endroit que quand les bienheureux Immortels virent Vulcain qui boitoit dans leur maison, il leur prit un rire inextinguible. Par ce mot d'inextinguible vous voyez qu'on ne peut trop rire ni trop long-temps; par celui de bienheureux, que la béatitude consiste au rire.

Par ces deux mots que vous dites, reprit Ariste, je vois qu'Homere a failli, et ne vois rien autre chose. Platon l'en reprend dans son troisieme de la République. Il le blâme de donner aux Dieux un rire démesuré, et qui seroit même indigne de personnes tant soit peu considérables.

Pourquoi voulez-vous qu'Homere ait plutôt failli que

Platon? répliqua Gélaste. Mais laissons les autorités, et n'écoutons que la raison seule. Nous n'avons qu'à examiner sans prévention la comédie et la tragédie. Il arrive assez souvent que cette derniere ne nous touche point : car le bien ou le mal d'autrui ne nous touche que par rapport à nous-mêmes, et en tant que nous croyons que pareille chose nous peut arriver, l'amour-propre faisant sans cesse que l'on tourne les yeux sur soi. Or comme la tragédie ne nous représente que des aventures extraordinaires, et qui vraisemblablement ne nous arriveront jamais, nous n'y prenons point de part, et nous sommes froids, à moins que l'ouvrage ne soit excellent, que le poëte ne nous transforme, que nous ne devenions d'autres hommes par son adresse, et ne nous mettions en la place de quelque roi. Alors j'avoue que la tragédie nous touche, mais de crainte, mais de colere, mais de mouvements funestes, qui nous renvoient au logis pleins des choses que nous avons vues, et incapables de tout plaisir. La comédie, n'employant que des aventures ordinaires et qui peuvent nous arriver, nous touche toujours, plus ou moins, selon son degré de perfection. Quand elle est fort bonne, elle nous fait rire. La tragédie nous attache, si vous voulez; mais la comédie nous amuse agréablement, et mene les ames aux Champs-Élysées, au lieu que vous les menez dans la demeure des malheureux. Pour preuve infaillible de ce que j'avance, prenez garde que, pour effacer les impressions que la tragédie avoit faites en nous, on lui fait souvent succéder un divertissement comique; mais de celui-ci à l'autre il n'y a point de retour : ce qui vous fait voir que le suprême degré du plaisir, après quoi il n'y a plus rien, c'est la comédie. Quand on vous la donne, vous vous en retournez content et de belle humeur : quand on ne vous la donne pas, vous vous en retournez chagrin et rempli de noires idées. C'est ce qu'il y a à gagner avec les Oreste et les OEdipe, tristes fantômes qu'a évoqués le poëte magicien dont vous nous avez parlé tantôt. Encore serions-nous heureux s'ils excitoient le terrible toutes les fois que l'on nous les fait paroître; cela vaut mieux que de s'ennuyer : mais où sont les habiles poëtes qui nous dépeignent ces choses au vif? Je ne veux pas dire que le dernier soit mort avec Euripide ou avec Sophocle; je dis seulement qu'il n'y en a guere. La difficulté n'est pas si grande dans le comique; il est plus assuré de nous toucher, en ce que ses incidents sont d'une telle nature que nous nous les appliquons à nous-mêmes plus aisément.

Cette fois-là, dit Ariste, voilà des raisons solides et qui méritent qu'on y réponde; il faut y tâcher. Le même ennui qui nous fait languir pendant une tragédie où nous ne trouvons que de médiocres beautés est commun à la comédie et à tous les ouvrages de l'esprit, particulière-ment aux vers : je vous le prouverois aisément si c'étoit la question; mais ne s'agissant que de comparer deux choses

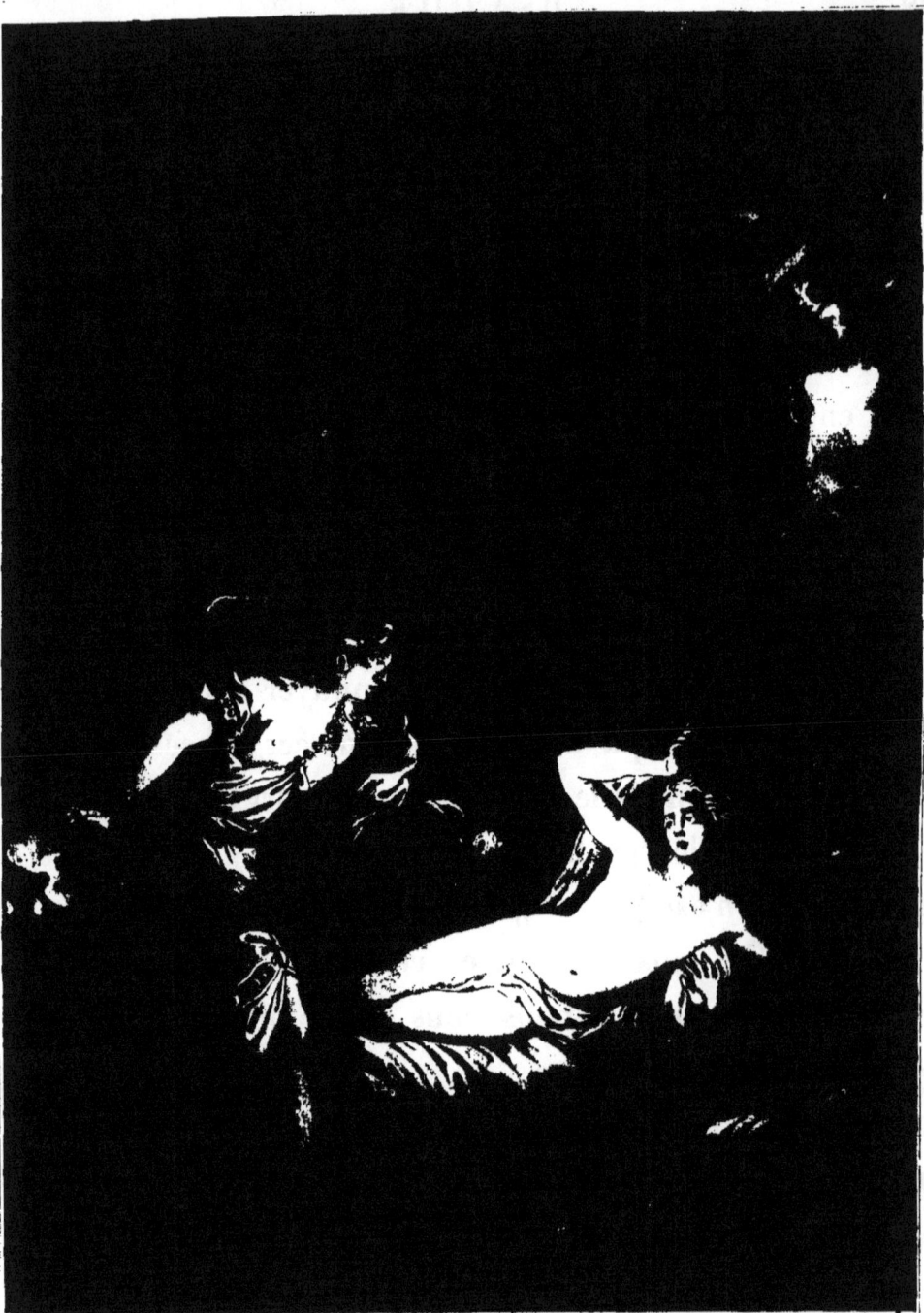

La finit de Pfiché la gloire & le bonheur

également bonnes, chacune selon son genre, et la tragédie,
à ce que vous dites vous-même, devant l'être souveraine-
ment, nous ne devons considérer la comédie que dans un
pareil degré. En ce degré donc vous dites qu'on peut passer
de la tragédie à la comédie ; et de celle-ci à l'autre, jamais.
Je vous le confesse ; mais je ne tombe pas d'accord de vos
conséquences ni de la raison que vous apportez. Celle qui
me semble la meilleure est que dans la tragédie nous faisons une grande contention d'ame ; ainsi on nous représente ensuite quelque chose qui délasse notre cœur et nous
remet en l'état où nous étions avant le spectacle afin que
nous en puissions sortir ainsi que d'un songe. Par votre
propre raisonnement vous voyez déja que la comédie touche
beaucoup moins que la tragédie. Il reste à prouver que
cette derniere est beaucoup plus agréable que l'autre. Mais
auparavant, de crainte que la mémoire ne m'en échappe, je
vous dirai qu'il s'en faut bien que la tragédie nous renvoie
chagrins et mal satisfaits, la comédie tout-à-fait contents
et de belle humeur : car si nous apportons à la tragédie
quelque sujet de tristesse qui nous soit propre, la compassion en détourne l'effet ailleurs, et nous sommes heureux
de répandre pour les maux d'autrui les larmes que nous
gardions pour les nôtres. La comédie, au contraire, nous
faisant laisser notre mélancolie à la porte, nous la rend
lorsque nous sortons. Il ne s'agit donc que du temps que
nous employons au spectacle, et que nous ne saurions

mieux employer qu'à la pitié. Premièrement, niez-vous
qu'elle soit plus noble que le rire?

Il y a si long-temps que nous disputons, repartit
Gélaste, que je ne vous veux plus rien nier.

Et moi je vous veux prouver quelque chose, reprit
Ariste : je vous veux prouver que la pitié est le mouvement le plus agréable de tous. Votre erreur provient de
ce que vous confondez ce mouvement avec la douleur. Je
crains celle-ci encore plus que vous ne faites : quant à
l'autre, c'est un plaisir, et très grand plaisir. En voici
quelques raisons nécessaires, et qui vous prouveront par
conséquent que la chose est telle que je vous dis. La pitié
est un mouvement charitable et généreux, une tendresse
de cœur dont tout le monde se sait bon gré. Y a-t-il
quelqu'un qui veuille passer pour un homme dur et impé-
nétrable à ses traits? Or, qu'on ne fasse les choses louables
avec un très grand plaisir, je m'en rapporte à la satisfaction intérieure des gens de bien; je m'en rapporte à vous-
même, et vous demande si c'est une chose louable que de
rire. Assurément ce n'en est pas une, non plus que de
boire et de manger, ou de prendre quelque plaisir qui ne
regarde que notre intérêt. Voilà donc déjà un plaisir qui
se rencontre en la tragédie, et qui ne se rencontre pas en
la comédie. Je vous en puis alléguer beaucoup d'autres.
Le principal, à mon sens, c'est que nous nous mettons
au-dessus des rois par la pitié que nous avons d'eux, et

devenons dieux à leur égard, contemplant d'un lieu tranquille leurs embarras, leurs afflictions, leurs malheurs; ni plus ni moins que les dieux considerent de l'Olympe les misérables mortels. La tragédie a encore cela au-dessus de la comédie, que le style dont elle se sert est sublime; et les beautés du sublime, si nous en croyons Longin et la vérité, sont bien plus grandes et ont tout un autre effet que celles du médiocre. Elles enlevent l'ame, et se font sentir à tout le monde avec la soudaineté des éclairs. Les traits comiques, tout beaux qu'ils sont, n'ont ni la douceur de ce charme ni sa puissance. Il est de ceci comme d'une Beauté excellente, et d'une autre qui a des graces : celle-ci plaît, mais l'autre ravit. Voilà proprement la différence que l'on doit mettre entre la pitié et le rire. Je vous apporterois plus de raisons que vous n'en souhaiteriez, s'il n'étoit temps de terminer la dispute. Nous sommes venus pour écouter Polyphile; c'est lui cependant qui nous écoute avec beaucoup de silence et d'attention, comme vous voyez.

Je veux bien ne pas répliquer, dit Gélaste, et avoir cette complaisance pour lui : mais ce sera à condition que vous ne prétendrez pas m'avoir convaincu; sinon continuons la dispute.

Vous ne me ferez point en cela de tort, reprit Polyphile, mais vous en ferez peut-être à Acante, qui meurt d'envie de vous faire remarquer les merveilles de ce jardin.

Acante ne s'en défendit pas trop. Il répondit toutefois

à l'honnèteté de Polyphile; mais en même temps il ne laissa pas de s'écarter. Ses trois amis le suivirent. Ils s'arrêterent long-temps à l'endroit qu'on appelle le fer-à-cheval, ne se pouvant lasser d'admirer cette longue suite de beautés toutes différentes qu'on découvre du haut des rampes.

Là, dans des chars dorés, le prince avec sa cour
Va goûter la fraîcheur sur le déclin du jour.
L'un et l'autre Soleil, unique en son espece,
Étale aux regardants sa pompe et sa richesse.
Phébus brille à l'envi du monarque françois;
On ne sait bien souvent à qui donner sa voix :
Tous deux sont pleins d'éclat et rayonnants de gloire.
Ah! si j'étois aidé des filles de mémoire,
De quels traits j'ornerois cette comparaison!
Versailles, ce seroit le palais d'Apollon :
Les Belles de la cour passeroient pour les Heures.
Mais peignons seulement ces charmantes demeures.
  En face d'un parterre au palais opposé
Est un amphithéâtre en rampes divisé :
La descente en est douce, et presque imperceptible :
Elles vont vers leur fin d'une pente insensible.
D'arbrisseaux toujours verds les bords en sont ornés.
Le myrte, par qui sont les amants couronnés,
Y range son feuillage en globe, en pyramide;
Tel jadis le tailloient les ministres d'Armide :
Au haut de chaque rampe un sphinx aux larges flancs
Se laisse entortiller de fleurs par des enfants.
Il se joue avec eux, leur rit à sa maniere.

Et ne se souvient plus de son humeur si fiere.

Au bas de ce degré Latone et ses jumeaux

De gens durs et grossiers font de vils animaux,

Les changent avec l'eau que sur eux ils répandent.

Déja les doigts de l'un en nageoires s'étendent;

L'autre en le regardant est métamorphosé :

De l'insecte et de l'homme un autre est composé :

Son épouse le plaint d'une voix de grenouille;

Le corps est femme encor. Tel lui-même se mouille,

Se lave, et plus il croit effacer tous ses traits,

Plus l'onde contribue à les rendre parfaits.

La scene est un bassin d'une vaste étendue.

Sur les bords cette engeance insecte devenue

Tâche de lancer l'eau contre les déités.

A l'entour de ce lieu, pour comble de beautés,

Une troupe immobile et sans pieds se repose,

Nymphes, Héros, et Dieux de la métamorphose,

Termes, de qui le sort sembleroit ennuyeux

S'ils n'étoient enchantés par l'aspect de ces lieux.

Deux parterres ensuite entretiennent la vue.

Tous deux ont leurs fleurons d'herbe tendre et menue;

Tous deux ont un bassin qui lance ses trésors,

Dans le centre en aigrette, en arcs le long des bords.

L'onde sort du gosier de différents reptiles.

Là sifflent les lézards, germains des crocodiles;

Et là mainte tortue apportant sa maison

Alonge en vain le cou pour sortir de prison.

Enfin par une allée aussi large que belle

On descend vers deux mers d'une forme nouvelle.

L'une est un rond à pans, l'autre est un long canal.
Miroirs où l'on n'a point épargné le crystal.
Au milieu du premier, Phébus sortant de l'onde
A quitté de Thétis la demeure profonde.
En rayons infinis l'eau sort de son flambeau :
On voit presque en vapeur se résoudre cette eau.
Telle la chaux exhale une blanche fumée.
D'atomes de crystal une nue est formée :
Et lorsque le Soleil se trouve vis-à-vis,
Son éclat l'enrichit des couleurs de l'Iris.
Les coursiers de ce dieu commençant leur carriere
A peine ont hors de l'eau la croupe toute entiere :
Cependant on les voit impatients du frein ;
Ils forment la rosée en secouant leur crin.
Phébus quitte à regret ces humides demeures :
Il se plaint à Thétis de la hâte des Heures.
Elles poussent son char par leurs mains préparé,
Et disent que le Somme en sa grotte est rentré.
Cette figure à pans d'une place est suivie.
Mainte allée en étoile à son centre aboutie
Mene aux extrémités de ce vaste pourpris.
De tant d'objets divers les regards sont surpris.
Par sentiers alignés l'œil va de part et d'autre :
Tout chemin est allée aux royaumes du NOSTRE.
Muses, n'oublions pas à parler du canal :
Cherchons des mots choisis pour peindre son crystal ;
Qu'il soit pur, transparent, que cette onde argentée
Loge en son moite sein la blanche Galathée.
Jamais on n'a trouvé ses rives sans Zéphyrs.

Flore s'y rafraîchit au vent de leurs soupirs.
Les Nymphes d'alentour souvent dans les nuits sombres
S'y vont baigner en troupe à la faveur des ombres.
Les lieux que j'ai dépeints, le canal, le rond-d'eau,
Parterres d'un dessein agréable et nouveau,
Amphithéâtres, jets, tous au palais répondent,
Sans que de tant d'objets les beautés se confondent.
Heureux ceux de qui l'art a ces traits inventés !
On ne connoissoit point autrefois ces beautés.
Tous parcs étoient vergers du temps de nos ancêtres ;
Tous vergers sont faits parcs : le savoir de ces maîtres
Change en jardins royaux ceux des simples bourgeois,
Comme en jardins de Dieux il change ceux des rois.
Que ce qu'ils ont planté dure mille ans encore :
Tant qu'on aura des yeux, tant qu'on chérira Flore,
Les Nymphes des jardins loueront incessamment
Cet art qui les savoit loger si richement.

Polyphile et ensuite ses trois amis prirent là-dessus occasion de parler de l'intelligence qui est l'âme de ces merveilles, et qui fait agir tant de mains savantes pour la satisfaction du monarque. Je ne rapporterai point les louanges qu'on lui donna; elles furent grandes, et par conséquent ne lui plairoient pas. Les qualités sur lesquelles nos quatre amis s'étendirent furent sa fidélité et son zele. On remarqua que c'est un génie qui s'applique à tout, et ne se relâche jamais. Ses principaux soins sont de travailler pour la grandeur de son maître; mais il ne croit pas que

le reste soit indigne de l'occuper. Rien de ce qui regarde
Jupiter n'est au-dessous des ministres de sa puissance.

Nos quatre amis, étant convenus de toutes ces choses,
allerent ensuite voir le salon et la galerie qui sont demeurés
debout après la fête qui a été tant vantée. On a jugé à
propos de les conserver, afin d'en bâtir de plus durables
sur le modele. Tout le monde a oui parler des merveilles
de cette fête, des palais devenus jardins et des jardins
devenus palais, de la soudaineté avec laquelle on a créé,
s'il faut ainsi dire, ces choses, et qui rendra les enchan-
tements croyables à l'avenir. Il n'y a point de peuple en
l'Europe que la Renommée n'ait entretenu de la magnificence de ce spectacle. Quelques personnes en ont fait la
description avec beaucoup d'élégance et d'exactitude; c'est
pourquoi je ne m'arrêterai point en cet endroit : je dirai
seulement que nos quatre amis s'assirent sur le gazon qui
borde un ruisseau, ou plutôt une goulette, dont cette galerie est ornée. Les feuillages qui la couvroient étant déja
secs et rompus en beaucoup d'endroits, laissoient entrer
assez de lumiere pour faire que Polyphile lût aisément : il
commença donc de cette sorte le récit des malheurs de son
héroïne.

ACHEVÉ D'IMPRIMER

POUR

THÉOPHILE BELIN, LIBRAIRE

Le 15 Avril 1899

PAR

MM. CHAMEROT ET RENOUARD

Les Estampes ont été imprimées en couleurs

PAR

M. GENY-GROS

www.ingramcontent.com/pod-product-compliance
Lightning Source LLC
Chambersburg PA
CBHW051723090426
42738CB00010B/2064